如何办好
企业读书会

§

徐玉贞 / 著

电子工业出版社·
Publishing House of Electronics Industry
北京 · BEIJING

图书在版编目（CIP）数据

如何办好企业读书会/徐玉贞著. —北京：电子工业出版社，2022.4

ISBN 978-7-121-42986-6

Ⅰ. ①如… Ⅱ. ①徐… Ⅲ. ①读书活动 Ⅳ. ①G252.17

中国版本图书馆CIP数据核字（2022）第031555号

责任编辑：郑志宁

文字编辑：杜 皎

印　　刷：涿州市般润文化传播有限公司

装　　订：涿州市般润文化传播有限公司

出版发行：电子工业出版社

　　　　　北京市海淀区万寿路173信箱　邮编：100036

开　　本：700×1000　1/16　印张：16　字数：198千字

版　　次：2022年4月第1版

印　　次：2023年11月第4次印刷

定　　价：78.00元

凡所购买电子工业出版社图书有缺损问题，请向购买书店调换。若书店售缺，请与本社发行部联系，联系及邮购电话：（010）88254888，88258888。

质量投诉请发邮件至 zlts@phei.com.cn，盗版侵权举报请发邮件至 dbqq@phei.com.cn。

本书咨询联系方式：（010）88254210，influence@phei.com.cn，微信号：yingxianglibook。

〔推荐语〕

徐公子爱读书。作为徐汇区书香联盟的伙伴，我与她及团队一起帮助学校打造阅读品牌，并初见成效，受到了师生的高度好评。徐公子会读书。在阅读这件事上，她动足了脑筋，尤其在企业读书会领域的专业度，可谓行业领先。徐公子乐读书。恭喜徐公子的新书出版，让更多的人可以从她的专业分享里获取阅读的经验和启发。

——上海徐汇区图书馆馆长　房芸芳

作为企业读书会领域的开垦者，徐公子帮助我们的企业阅读品牌两次获评上海振兴中华读书项目，项目团队的专业度和敬业度让项目每年都能上一个新台阶。

——东方明珠新媒体股份公司培训经理、"阅明珠"负责人　徐冰儿

读书会这件事我完全相信徐公子。一是她少见地兼备聪明、勤奋和专注的匠人品质；二是她对阅读充满热爱和使命感；三是她长期在一线实践，接地气。所以，读书会这件事，你也完全可以相信徐公子。

——"企业文化老司机"公众号主理人　许育忠

读书仅是一个人的私事吗？如果你在一个组织里担任某个角色，尤其是创始人，自然就不完全是了。企业读书会能打造阅读氛围，增强人际交流，既可提升个人学习力，又可增强团队凝聚力，进而提升企业战斗力，是学习型组织的必备。

——陆鲜参品牌创始人　陆冰

初识徐公子，缘于所在的企业打算做读书会，无从下手，在网上无意间搜索到了徐公子的公众号。在读了几篇干货文章后，我加了徐公子的微信，并就自己在企业读书会方面的疑惑向她请教。在了解到我们做企业读书会的初衷后，徐公子给了我耐心、中肯、专业的解答。对于在建立读书会方面没有经验的我来说，徐公子给予了莫大的帮助。后来，我们的读书会有了朗朗上口的品牌，并开始启动和运营。徐公子多年的企业读书会实践，以及扎实的阅读和分享功底，让我受益匪浅。

——益海嘉里武汉益读会发起人　刘春

每家企业都需要一个内部读书会

12年前，我加入了国内一家非常知名的读书会——中信出版社和蓝狮子财经出版中心等联合创办的蓝狮子读书会，给各行各业的企业家和创业者推荐好书。我在那里工作了5年多的时间，结识了许多喜欢阅读的朋友，他们至今还反复提起，说我帮助他们培养了阅读习惯。

10年前，我和26位同学、好友一起，发起成立了一家推广阅读的公益组织，名叫"华益读书会"，给偏远地区的小学捐赠爱心书屋，至今已经捐助了81所小学。"阅读启迪心灵，公益点亮梦想"，是我们的公益价值观。我们希望那些捐赠的图书能温暖孩子们幼小的心灵，陪伴他们童年的快乐时光。沿着这条公益之路，我们会不断创新，继续将这份公益事业坚持下去。

7年前，我创办了专门为企业提供阅读服务的公司，服务了上百家企事业单位，策划了数不清的企业读书会品牌。在这个过程当中，我积累了丰富的企业读书会策划运营经验。

我在读书会领域坚守十几年，历经波折，依然初心不改。你是不是很好奇，读书会究竟有什么样的魔力，竟能让我一干就是十几年，并且乐此不疲。在这本书当中，我会跟大家分享我做读书会的经验和故事。更重要的是，我会告诉你如何解决企业内部阅读推广的难题，如何策划运营企业内部的读书会，让阅读成为员工终身成长的方式，使个人成长与企业发展相互协调，为企业创造价值。这本书是对我十几年读书会策划运营经验的高度浓缩与总结，也是一套企业读书会的系统解决方案，相信有助于打算创办或者正在做读书会的读者。

如果说一生只能做好一件事的话，那对我来说，阅读推广就是这件事。相信你在看完这本书以后，也会对阅读推广，尤其对在企业内部策划运营读书会产生浓厚的兴趣。

提到阅读，名家名言数不胜数，有讲阅读方法的"旧书不厌百回读，熟读精思子自知"，有说阅读价值的"数百年积家无非积德，第一件好事还是读书"。在当今社会，阅读的价值究竟是什么呢？

阅读是一个人的基本能力，它有助于增强集中注意力获取信息、抓住要点的能力；阅读也是激发灵感、启发思考的复杂心理过程，更是一个人重建认知框架、进行思维升级的主要方式。每个人都会在阅读中不断地建构自我，又不停地打破自我，实现连续的自我进化和成长。

阅读对个体的价值，每个人都有认识，而阅读对企业的价值，每个人的认识则不同。

在我做企业读书会咨询策划的过程中，经常被问到一些问题：个人阅读与企业读书会有关系吗？企业有没有必要为员工的阅读兴趣买单？建立企业读书会对企业到底有怎样的价值，能不能产生直接的效益？

我从三个方面来概括回答这几个问题。

首先，阅读有助于培养员工解决问题的能力。在当下这个充满不确定性的环境里，市场变化云谲波诡，企业已经很难用过往成熟的方法解决那些前所未有的新问题，而且新问题还在不断地涌现。这对每家企业来说，都是很严峻的考验。企业需要员工具有发现问题的敏锐性、分析问题的思考力和解决问题的执行力，并保持不断自我学习、自我成长的状态，帮助企业解决各种问题。

其次，**阅读有助于员工思维变得开阔**。我们所处的时代，有各种各样的冲突，企业内部也有各种各样的矛盾，人们在冲突中很容易陷入偏执中，多读书能够让人的思维变得开阔，更容易接近事物的本质，看待事情更加客观，更容易处理各种分工协作的关系。

最后，**阅读有助于企业打造学习型组织，营造积极向上的企业文化**。包容开放的企业文化可以给员工更多的空间，激发员工自主阅读学习的能力，为员工赋能，帮助企业积极面对风险，应对市场变化，跟上时代日新月异的发展潮流，甚至走在行业创新发展的前列。

事实上，我们也不难发现，一家企业全体员工的阅读状态就是整个企业内部的学习和发展状态。一个爱阅读的领导能够营造出爱阅读的企业文化，也会带出有发展意识、创新意识和危机意识的团队。

所以说，每家企业都需要一个内部读书会。

最近几年，国家一直在大力提倡全民阅读。新冠肺炎疫情也让大家深刻认识到了阅读的重要性。在居家办公期间，向我咨询如何策划读书会的企业络绎不绝，但是，大家的认知还停留在怎么做书单、怎么做阅读活动、怎么做阅读打卡活动这些单一的需求上面。一方面，这说明企业读书会引起了大家的关注和兴趣，大家也开始思考阅读对于企业的价值了。这对植根这一领域十几年的我来说，的确是喜讯，可以用"守得云开见月明"来形容我的心情。另一方面，企业读书会并不是简单推荐几本书、办几场阅读活动就可以了，要想真正提高组织和个体的阅读学习能力、运营好读书会，需要一套切实可行的、有价值的系统解决方案。

我真心希望这本书能够帮助打算创办或者正在运营企业读书会的企业学会策划运营企业内部的读书会，开展针对企业读书会的现状、痛点和需求的分析，进行企业读书会的品牌创意、线上线下的阅读活动策划，做好企业读书会的宣传推广，培养和组建一支读书会运营团队，真正掌握企业读书会的系统运营方法。

企业读书会的策划和运营是需要系统能力支撑的。作为读书会的专业策划运营人才，我认为企业要培养一批"首席阅读官"。首席阅读官需要具备企业阅读需求分析、阅读品牌创意、阅读活动策划、组织阅读能力培训和策划阅读赛事等综合能力，并可以借助数据系统跟踪发布企业阅读大数据，长期营造企业内部的阅读文化氛围，运营好企业内部的读书会，为组织发展赋能，为企业长期发展积蓄力量。

首席阅读官目前是企业读书会运营所需的稀缺人才，我录制了《企业读书会策划运营25讲》，已经在音频平台喜马拉雅上线，可帮助企业系统地培养首席阅读官，策划和运营企业内部读书会，打造员工的精神家园，实现企业与员工共同成长。市场充满不确定性，个体和组织的阅读能力提升，可以帮助企业应对和消化由此引起的不安情绪，保持对未来发展的希望和信心。希望你所在的企业积极运营企业读书会，汇聚一群热爱阅读、追求终身成长的员工，在内部形成蓬勃的阅读学习生态，激活创造力，为组织发展全面赋能。

我相信企业读书会的成功运营一定能打造企业内部自主学习的新生态。

〔第一章〕

§

打开阅读行业之门

自古至今，

阅读备受推崇，

它从来不是一个新领域。

改革开放以来，

阅读产业发展迅猛，

知识付费异军突起，

阅读服务崭露头角，

成为当下和未来的新兴细分行业。

在改革开放的40多年间，传统出版行业从单一的纸质图书出版发展成为一条庞大而发达的阅读产业链。

伴随着数字出版的普及和阅读载体的多样化，阅读产业不断发生变化，从纸质出版到数字出版，从线下书店到线上书店，从电子书到音频图书，从内容商城到阅读服务……阅读产业一片繁荣。阅读产业的发展带给人们各种阅读的便利，阅读产业的繁荣不断催生出新的细分垂直领域。阅读服务行业在市场中迅速生根发芽，以迅猛之势快速崛起。

本章走近阅读产业，洞察阅读服务行业，揭开各种类型读书会的神秘面纱。让我们一起用产业格局和行业视角来了解不同类型读书会的运营模式，洞悉企业读书会的发展前景，预测群体阅读和组织阅读的未来发展趋势。

1.1

📖 重新认识阅读

关于阅读量

问：你认为自己的阅读量大吗？

答：不大（或者不算大）。

如果你的回答是否定的，那么这个问题大概会触动你内心深处对读书的焦虑。你是不是为自己的阅读量不足而感到不满意？你的情绪里似乎还会夹杂着几分无奈，感到有些力不从心，内心渴望能够有时间静下心来多读几本好书，但始终没有做到。从过往的调研结果来看，很多人的答案跟你的答案一样。单纯用读书的数量来衡量阅读量，人们的自我认知普遍偏低。

问：你认为自己的阅读量大吗？

答：挺大的（还可以）。

如果你的回答是肯定的，那么大概有两种情况：一方面，你平时饱读诗书，阅读量的确非常大；另一方面，除了读书，你把阅读手机信息和网络文章也计算在内了。从早上睁眼到晚上就寝，我们每个人时时都在批阅"奏折"，回复手机信息，处理各种邮件，浏览各类新闻，吃各种"瓜"等，甚至到了废寝忘食的地步。我们每天都会通过手机和电脑浏览海量的文章，还会看电子书、听有声书，或者看讲书视频。从这个角度来看，阅读量的确是巨大的。

这两种答案并不矛盾，这也反映了普遍的阅读现状。这两种对阅读量的不同理解，本质上的差异是什么呢？是我们对于阅读范畴有不同的划定。我从备受赞誉的斯坦福大学心理学家凯利·麦格尼格尔的著作《自控力》中，总结出下面的话，来帮助大家理解两种阅读范畴的差异，尤其是信息如何拉大了两者的差距，更重要的是看到需求背后的原因。

我们每个人都有获取信息的欲望，这个需求像吃饭、睡觉一样迫切。多巴胺代表着寻觅和渴望，但很多人混淆了渴望与满足。渴望不等于满足，渴望只是追求满足的过程。科技发展催生了众多"及时行乐"的行业，创造了很多满足人们享乐需求的产品，加上人类本身原始的生物激励系统，让我们臣服于多巴胺。我们知道自己会收到很多新的东西，如媒体推送的新闻、邮箱接收的邮件、同事和朋友的留言，还有各种视频网站的段子。它们都在潜意识里激发着我们的渴望，让我们不停地点开链接、滑动屏幕，以满足我们渴望新刺激的需求。信息让我们上瘾，我们被各种信息俘获，不停地想要获取更多、更新、更刺激的信息。游戏就更加明显了，游戏里的奖励系统，"升级"和"获胜"的欲望强烈刺激着人体多巴胺的分泌，让人很难戒掉游戏。一项研究发现，电子游戏刺激和使用苯丙胺时产生的多巴胺一样多。多巴胺分泌的增加，会使人们对游戏上瘾。

当下班后需要休息的时候，我们依然不停地用手机来获取信息，以获得放松，但手机的新信息不停刺激多巴胺分泌，让我们渴望更多的新刺激，于是玩起手机根本停不下来。回忆一下最近的这段时间，是什么给了你的大脑奖励的承诺，在潜意识里引导你去寻求更多的刺激感和新鲜感？

信息消费几乎已经成为每个人的生理需求，像吃饭、喝水一样平常。图书也是一种信息的承载方式，但为什么人们没有把读书作为信息消费的主要方式呢？2002年诺贝尔经济学奖获得者、普林斯顿大学荣誉退休教授丹尼尔·卡尼曼在他的经典著作《思考，快与慢》中为我们做出了合理的解释。这本书把大脑的操作系统分为系统1和系统2。系统1是直觉系统，它的运作是快速而且无意识的，不需要耗费什么脑力，也没有感觉，基本上处于全自动化的状态。系统2是理性系统，需要我们把注意力转移到需要烧脑的活动上来，例如做决策和展开行动。当我们醒着时，系统1和系统2都处于活跃状态，系统1自主运行，系统2处于休闲状态，只有少部分功能参加大脑运行。所以，在大部分情况下，我们更习惯系统自主运行，而不是费心思考。于是，我们越不喜欢思考，系统1自动化的程度越高。长时间启动系统2，用脑思考会消耗大量的葡萄糖，造成人体的血糖含量下降，产生疲劳感，因而不被我们喜欢。读书对专注思考的要求很高，尤其是阅读自己不熟悉、不擅长领域的图书，更是如此。《慢思考》的作者特奥·康普诺利教授也在他的书中证实了这一点，他把大脑分为反射脑、思考脑和存储脑。反射脑快而原始，自发而无意识地处理问题。思考脑慢而成熟，会消耗大量能量，而且很容易疲劳。当我们刷新信息获取刺激的时候，大脑是反射脑工作状态，而阅读时需要专注来理解语意和内涵，这让我们很难有获取刺激的快感，很容易陷入困乏之中。此时，重新拿起手机浏览轻松的信息，就可以马上缓解困乏，在信息刺激和阅读思考中，我们感觉到轻松。这就是大部分人面临的阅读考验。

信息像河流上面的浮萍，各种信息映入人的眼帘，快速出现，转瞬即逝，相互之间缺乏强连接关系。我们通过电子阅读，看似获取了大量的信息，但这些信息之间并没有什么逻辑关系，无法互相连接。它们仅仅是信息，对大脑的深度思考提供不了什么有价值的帮助。

在自然界里，种子先从土壤中吸收水分和养料，努力冒出一个小芽儿，然后缓慢地生长，根越扎越深，枝叶越长越繁茂，经受风吹雨淋，四季轮回，最终长成一棵参天大树。这个生长过程非常缓慢，树木需要阳光照射、雨露滋润，没有办法打破自然规律，快速生长，阅读的道理也是如此。我们大脑里的知识树，也需要经过长期阅读、深度思考，才能慢慢长得根深叶茂。这一缓慢的生长过程，跟大树的生长是极其相似的。

读者对阅读量认知的区别，主要是对读书和获取信息认知的区别，这是一个视角。我们再换另外一个视角来看待这个问题，图书内容、形式和载体的多样化已经是一个不可逆转的现实，在这种情况下，我们如何认识阅读呢？

重新定义阅读

如果把信息包含在内，阅读量描述的就是一个宏观的大概念。过去，阅读指的是阅读纸质图书。现在电子书非常普及，还有了有声书及讲书视频。我们对阅读的认识，也需要随着图书形式和载体的多样化，同步迭代。所谓阅读对象，包含文字、图片、音频和视频四种形式。概括起来说，通过文字、图片、音频和视频形式获取有价值内容的过程，就可以称为现代意义上的阅读。它包含传统图书，又打破了传统图书作为有形载体的约束边界，这是一个带有前瞻性又比较符合实际现状的描述。从这个角度讲，数字化阅读方式（网络在线阅读、手机阅读、电子阅读器阅读等）和通过网络听书、观看讲书视频等都可以被划入现代意义上的阅读范畴。

从这个新定义的阅读视角来理解阅读，解读相关的媒体数据和报告会更合理。在《第十八次全国国民阅读调查报告权威发布》（以下简称《发布》）中，有三个关键词值得我们特别关注。

1. 阅读需求

各项阅读数据都在普遍增长，阅读市场有明显的反馈。各大内容平台，尤其是有声书和讲书视频，通过各种形式不断地培育市场，带来了阅读数据的普遍提升。《发布》表明，2020年，我国有三成以上（31.6%）的成年国民有听书习惯，这一数据还将逐步上升。这是因为：听书符合国民的阅读行为需求，尤其是老人和孩子；符合国民的阅读场景需求，尤其是对上班族来说。

2. 阅读活动

《发布》提到，2020年，我国成年国民对全民阅读品牌活动的知晓率为72.7%。其中，"机关企业/校园读书活动"的知晓率位居第一，选择比例近三成（28.4%）；"本地读书会"的知晓率位居其次。全民阅读品牌活动和本地读书会发展迅猛，各地宣传部门、文旅部门及工会组织也在策划当地的阅读活动。

3. 阅读指数

《发布》还提到个人阅读指数和公共阅读指数。随着指数体系的完善，这将是一个综合评估各项阅读活动的参考依据。未来，随着企业阅读活动的大量普及，企业阅读指数也会成为反应企业职工阅读状况的关键数据，也将成为各项阅读数据报告中不可或缺的一部分。近年来，我一边展开对企业阅读数据的收集，一边完善企业阅读指数模型，这是我打算深入研究的方向之一。

总体来看，整个阅读产业，除了供应商和消费者这两大市场主体，还需要更多软性的阅读服务，以及专业人士和机构的深入研究。产业的发展需要专业人士和机构进行更深层的阅读需求研究，开展更广泛的阅读服务，做出更细致的阅读内容分析，需要产业链的上下游机构积极投入，推动全民阅读进一步落地。

如何激发阅读动力？

千百年来，受儒家文化的深远影响，国内各个年龄段和社会阶层的群体普遍认为应该阅读，但最终坚持阅读的人依旧是少数，为什么？除前面提到的人们渴望刺激之外，还有别的原因吗？是不是我们认为阅读并不是真正迫切的需求呢？

我们需要的内容可以从网上浏览，需要的方案可以从网上寻找，好像不是那么需要读书。现在信息迭代非常快，有些热点问题等作者写出书来，就已经过时了。很多人说工作忙，需要休息。总之，人们有太多不读书的理由，而且这些理由几乎无法反驳。我认为主要有三方面的原因：一、应试教育使大多数人不喜欢阅读。这可能是大家没有意识到却真实存在的情况，人们阅读更多是基于功利性的需求，并没有真正爱上阅读。二、人们对阅读的功利性诉求无法快速得到满足。消费社会带来了对商品功能的明确需求，阅读也被纳入商品系列，读完一本书能不能马上应用也成为阅读的评价标准。从买书、读书到理解和应用，阅读一本书的周期很长，无法快速转化，这也造成了人们无法全身心地阅读。

三、阅读能力基于所读图书与相关领域的知识积累，越熟悉越容易理解，阅读速度越快。如果仅仅把读书当作消遣，就可以读一些放松身心的图书，不费脑力，还可以静心。如果抱着学习和探索新领域的目的读书，就没那么省力了。举个真实的例子，有一段时间，我尝试阅读哲学领域的图书。这一学科的阅读门槛并不低，我可以调侃地说：书里的字读起来全认识，但放在一起就云里雾里了。像知性与理性、先验分析论、二律背反、主观演绎与客观演绎这些基本的词汇，需要重新理解，在此基础上才能理解相关的理论。我特地跑到大学听了四天完整的哲学课，才对哲学常识和理论有了一点点入门的认识，还需要认真阅读和虚心求教，才有机会推开哲学这扇门。没有哲学基础的人，读专业的西方哲学书就会望而生畏。当然，我们不必在没有准备的情况下，挑战自己不熟悉又无刚需的领域，否则很快就会败下阵来。

读书到底是为什么呢？我也时常问自己。

我们生活在一个物质极其丰富的时代，温饱问题不再困扰我们，但社会竞争异常激烈。每个人，尤其是生活在一二线城市的人，无论年龄大小、处于职业或者事业的什么阶段，都肩负着无形的压力，充满焦虑。每个人都渴望爱和幸福，却被搅进工作的洪流和欲望的漩涡里无法自拔。我们的内心无法拥有真正的平静，常常需要通过冥想、瑜伽等方式获得内心片刻的宁静。我们会累得倒头就睡，也会在稍有空闲时通过玩手机游戏、看视频来消磨时间，借此忘记很多的烦恼。我们认为这样可以减压，或者感受到一些快乐，但又好像很疲惫。寂寞无聊的时候，我们时常一个人拿起手机，想找人聊天，却又无话可说。日复一日，这就是很多人的生活状态，总感觉过着不是自己想要的生活，每次感到不顺心的时候，就想放下工作休息，或者去旅行。但是，我们无法从当下的生活里逃走，现实像一个紧箍咒，随着年龄的增长，将我们越箍越紧。

这是你现在生活和工作的状态吗？

我们想改变现在的生活和工作状态，想收入更高，想生活得更好，想要更多的自由，却又害怕选择，害怕改变，害怕失败。害怕的原因之一是因为缺乏足够的自信，不相信自己可以通过切实可行的方法，达到自己想要的状态。如果有人告诉你，只要这样做就能得到你想要的，那么真正想要改变的人就会付诸行动。在这些改变的方法中，阅读几乎是性价比最高的方式之一。在工作和生活里遇到的问题，很多可以通过阅读找到解决方法，而我们的困难是没有建立工作、生活与阅读的连接。

我们与图书的连接，就体现在右图所示的阅读动力模型里。

在对阅读动机的分析里，我将阅读动力概括为解决问题、兴趣爱好和能力发展，总称为阅读动力模型。

兴趣爱好很容易被人理解。有的人喜欢玄幻小说，有的人喜欢言情故事，有的人喜欢健康养生，有的人喜欢历史，各有所爱，它们都是爱好的一种表现形式，体

阅读动力模型

现在阅读里就是不同的图书类别。

不像兴趣爱好那么简单明了，解决问题的需求就显得模糊一些。我们在工作中遇到某个问题无法解决，或者生活里出现一个痛点，恰在此时有人推荐一本书，我们才会与这本书结缘。例如，与同事沟通不畅，夫妻关系、亲子关系出现问题，很多人选择逃避，将就度过自己的一生。其实，每一个问题都是命运给你安排的个体系统升级的机会，多问几个为什么，找到问题背后的原因，多从自己身上找原因，找方法解决，尝试去改变，生活反而会变得越来越美好。我在《阅读树》这本书中详细地讲述了如何解释这一问题。用阅读解决工作和生活里的问题，是每个人值得学习的一项技能。

能力发展也比较容易理解。例如，你想拥有某个职业资格，或者换新岗位，或者升职加薪，这些都需要学习相关的知识；阅读相关图书，让自己快速提升，就成了性价比非常高的方式。

我们需要学习工作方法，提高工作能力；需要培养兴趣爱好，开阔视野；需要认识问题本原，解决各种问题。阅读可以满足这些需求，在我们与书之间建立连接，通过实践打开一扇我们向往的人生之门，走上一条基于阅读的自我成长之路。

如何让阅读轻松陪伴我们？

我们渴望阅读，那么如何让阅读轻松陪伴我们呢？长期的阅读行为可以实现这个目标。如何培养长期的阅读行为呢？阅读行为有三大支柱，我们可以很形象地把它们描绘为"阅读三足鼎"，这个鼎的三足分别是阅读爱好、阅读习惯和阅读能力，三者缺少任何一个都无法支撑长期稳定的阅读行为。阅读爱好是阅读动力之一，有了爱好支撑，阅读行为就可以更稳定、更持久。如果能够专注于某一类别，在这一领域不断积累，初期爱好的兴奋感就会变成中期爱好的满足感，直到变成长期爱好的成就感，这是成为某一领域专家的必要条件。阅读习惯是长期坚持阅读形成的，有了习惯的支撑，阅读才会变得更容易。

对于阅读能力，我总结了一个公式：阅读能力＝阅读面 × 阅读量 × 阅读速度 × 阅读理解。

阅读看似是一件很简单的事情，阅读能力却不简单。提高阅读能力，初期进展相当缓慢。一个人读得越多，阅读能力越强，呈现出一种指数级的变化趋势，我称之为阅读指数效应。有人说一年读几百本，甚至上千本书，你可能觉得这不可信。其实，在某个领域里，读的书多了，你就会发现不同书的内容互相验证、互相支撑，书中的知识点也会重复，理解起来就比较容易；这样读起来自然快，只要时间够，读上千本书也不足为奇。但是，这类人的确凤毛麟角，我也不建议盲目追求数量，因为没有太大的意义。

在开启我们对阅读服务行业的分析（尤其是企业读书会）之前，重新认识现代意义上的阅读，明白个体阅读的现状和阅读动力的三大来源、阅读行为的三大支柱，将有助于我们在策划和运营企业读书会的时候，站在一个更客观、更真实的角度。

本书探讨的主要内容是企业读书会，是从企业阅读的视角出发进行探讨的。个体阅读、群体阅读和企业阅读有很多不同，不同的读书会有不同的发展模式和轨迹。在本章下面几节的内容中，我们从不同层面分别进行探讨。

1.2

📖 走近阅读服务行业

　　《阅读产业发展报告（2017）》显示，纸质书市场规模仍保持稳定增长的态势，整体规模约1800亿元；数字阅读整体规模约为110亿元，其中电子书规模约为20亿元，网络文学市场规模约为90亿元。

　　阅读产业这一说法出现的时间并不长，在《中国阅读产业的发展现状与研究思路（2019）》一文中的定义是：阅读产业泛指以商品化的手段和市场化的逻辑，进行阅读产品和阅读服务的生产、交换和传播的活动集合，目的是为了满足一切有关阅读的需求。阅读产业以满足阅读行为本身建构各环节生产要素，通过技术性服务手段使阅读产生商品价值，使阅读包含文化和经济的双重属性。

　　阅读产业的范畴很广泛，它既包含传统的出版行业，又包含新兴的数字出版行业，既包含传统的阅读场馆，又包含新兴的内容平台；既包含传统的阅读设备，又包含新兴的阅读服务。为了让大家更加直观地了解，我绘制了阅读产业分布图，如下图所示。

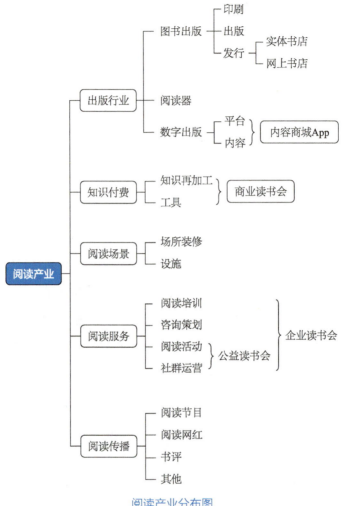

阅读产业分布图

伴随着互联网和新经济的转型升级，阅读产业不断生根发芽，生长出繁茂的枝叶。一方面是供给侧，阅读产业快速发展，市场提供的阅读产品和服务丰富多样；另一方面是需求侧，人们的精神文化需要日益增长，全民阅读多次被写入政府工作报告，成为政府的一项重要工作。学术界对阅读产业的结构优化、模式探讨、机遇分析和系统创新等方面的研究还相对滞后，整体市场以及细分领域的需求越来越旺盛，人们对阅读内容的要求也越来越高，对阅读产业的研究亟待跟上市场的步伐。

阅读服务行业

科技发展和技术创新激活了阅读产业，催生了更多的细分领域，各大内容平台相互竞争和角逐。各类知识付费 App 依旧是缤纷的内容商城，还有一个需求蓬勃并且未被满足的领域，就是更有发展潜力的阅读服务行业。

阅读服务行业主要表现为三种模式：

1. 解决阅读问题

针对某个阅读痛点深度开发的产品。例如，樊登读书会了解到用户没有时间看书，于是通过精讲一本书、解读书中精髓的模式，快速获得了上千万的付费用户。因为需求普遍，用户付费踊跃，所以平台的优势很快发挥出来，成为典型的从问题到需求的平台模式。

2. 需求复制

市场上普遍存在一种情况，就是企业内部推荐一本书，希望员工去读，但总是得不到积极反馈，于是为企业讲书这种模式应运而生，将一本书变成一门课，提供给企业内部的员工。这在市场中相当普遍，讲书市场由此被催生，市场上涌现出了导读师、讲书人这样的专业角色。这个模式属于细分的垂直市场，导读师提炼出讲书模式，不断复制，使其逐渐变成一种与培训类似的商业模式。当然，这里存在一个比较大的风险，就是很可能侵犯相应图书的版权，这对于讲书模式的发展是很大的制约。

3. 解决方案

企业读书会就属于这种模式，用以满足对平台内容和工具的需求，以及对垂直领域细分的需求。提供企业读书会解决方案的专业机构逐渐出现，虽然目前并不多，但已有企业和专业人士洞察到这一市场先机。

总体来看，阅读服务行业属于阅读产业里快速发展的蓝海市场，已经逐步涌现出一批规模化的企业。例如，音频领域的独角兽喜马拉雅、讲书领域的樊登读书会。随着市场的逐渐成熟，阅读服务行业还会有其他竞争者进入。在阅读服务行业中，作为阅读产业发展中最具代表性的产物，读书会引来大家无限的好奇和高度的关注。

阅读服务行业是市场竞争的产物，但读书会并不是伴随着阅读服务行业产生的，它有更早的源头和更长的发展历史。下一节，我们一起了解一下读书会的发展历史，看看它是怎样与阅读服务行业密切结合，成为适应当下阅读需求的运作模式的。

1.3

📖 读书会发展简史

    读书会最早并不是作为阅读服务行业的载体形态出现的,它的产生与学习模式的创新有关。读书会的历史可以追溯到100多年前,最早起源于瑞典。奥斯卡·奥尔森被称为"学习圈之父",他认为学习圈是一起讨论共同关心问题的形式,由此慢慢发展出学习圈理论,并尝试组织学习圈,这便是读书会的原始形态。这种读书会的早期模式是非正式的、松散型的学习圈子,是以某种方式相连接的社会组织,直到今天,许多民间读书会依然保持着这种传统的形式。

初期阶段(19世纪末、20世纪初):追求关系连接和自我教育

    读书会产生之后,在世界各地像散落的火种一样,逐渐对人们产生了各种影响。参加读书会的人围绕一定的主题或者图书进行探讨,读书会成为参加者思想和智慧的交流载体,也成为很多人表达自我和打破认知的学习平台,更为没有条件接受正规教育的人提供了成长机会。瑞典的学习圈开始广泛流行之后,很多大大小小的图书馆也出现了。这些图

书馆和学习圈打破了社会阶层的约束，成为被大众普遍接受的成人教育方式，长期影响着瑞典乃至北欧的成人教育系统。差不多同期，美国也有一些读书会的形式，例如，为偏远地区的家庭提供图书和阅读指导，帮助他们成立阅读团体，实现自我教育。

中期阶段（20世纪初到70年代末）：呈现多样化发展形态

在这个阶段，读书会的教育作用和民主氛围逐渐被广泛认同，各个国家开始发展出各具特色的读书会模式。由于各国的社会环境有很大不同，所以读书会也呈现出多样化的发展形态。

北欧国家继续发展学习圈，通过这样的方式教育普通工人和民众，同时依托学习圈处理一些社会问题，学习圈的社会地位逐步提高，开始变成民众的意见摇篮，对社会事务的处理也起着推动作用。

美国在这一时期也涌现出了一批新创办的读书会，如女性读书会、社区读书会和学校的读书会，名著是很多读书会提倡的阅读导向。

澳大利亚出现了"盒子计划"，为西澳大利亚的民众提供图书和阅读指导，盒子里还附带主题或话题供人们讨论。

新文化运动之后，我国民众有迫切的思想进步要求，在这样的契机下，读书会如同雨后春笋一般不断涌现出来。当时民众的受教育程度普遍不高，读书会门槛较低，又属于民间组织，参加方式简单，因此成为启迪民智的有效组织方式。除此之外，图书的价格和民众的普通消费能力不匹配、公共图书馆缺乏等问题也是读书会开始盛行的原因。于是，民国时期出现了各种形式的读书会。例如，以时间命名的乙丑读书社、清晨读书会，以参加对象来划分的女性读书会、儿童读书会，以职业区分的教职员读书会、工人读书会，以地域划分的天津精华读书会、上海读书会，还有一些比较有影响力的大学成立的读书会，如北京大学组织的国文系读书会、史学读书会。北京大学成立的读书会得到了李大钊等人的支持，李大钊被聘为读书会的导师。抗战爆发后，出现战时青年读书会，为抵抗侵略摇旗呐喊。这些读书会让人们在共同学习中寻找光明的思想，促使人们积极思考和行动，对当时的文化发展和民智提升起到了一定的推动作用。

由于并没有受到过多的关注，各个国家的读书会在中期阶段基本都没有受到社会的约束和限制，都在自然地缓慢发展。经过几十年的孕育，读书会激发了人们广泛参加的热情，成为受到民众普遍认同的相互交流和文化传播的方式，这为后来读书会的广泛普及打下了基础。

近期阶段（20 世纪 80 年代至今）

20世纪80年代至今，是读书会广泛普及的时期。我们着重讲讲国内读书会的发展。在八九十年代，国内读书会的兴起主要受到港台地区读书会的影响。随着改革开放带来的经济快速发展，人们的物质需求逐渐被满足，精神文化需求开始变得日趋迫切。这时候，港台地区读书会的组织模式开始被学习和模仿，成为国内很多读书会创立初期的参照模板。经济的腾飞也为读书会各种商业模式的出现创造了条件，贝塔斯曼书友会、蓝狮子读书会、樊登读书会等代表不同阶段民众阅读需求的读书会先后出现。同时，伴随全民阅读推广活动的广泛深入，各种读书会成为推动民众阅读的载体和形式，为社会文化的发展和精神文明的进步贡献力量。

高尔基有句名言："书籍是人类进步的阶梯。"毋庸置疑，这是全人类的共识。2020年10月22日，中宣部印发《关于促进全民阅读工作的意见》（以下简称《意见》），其中再次重申深入推进全民阅读。《意见》指出，阅读是获取知识、增长智慧的重要方式，是传承文明、提高国民素质的重要途径，深入推进全民阅读，对加强社会主义精神文明建设、促进社会进步具有重要意义。该文件指出，要在全社会大力营造爱读书、读好书、善读书的良好氛围，引导人民群众提升阅读兴趣、养成阅读习惯、提高阅读能力，不断增强思想道德素质和科学文化素质。该文件还提出了全民阅读工作的重点任务，包括加大阅读内容引领、组织开展重点阅读活动、加强优质阅读内容供给、完善全民阅读基础设施和服务体系、积极推动青少年阅读和家庭亲子阅读、保障特殊群体基本阅读权益、提高数字化阅读质量和水平、组织引导社会各方力量共同参加和加强全民阅读宣传推广等。全民阅读需要硬件的支撑，更需要软件的配合，读书会作为重要的承载形式，以其灵活、平等、开放和创新的组织特点在全民阅读的落地中承担更多的使命和责任。企业读书会作为最晚出现、发展最为迅猛的读书会形式，在未来5～10年的时间里，将成为企业阅读和全民阅读中异军突起的靓丽风景，用阅读的价值影响无数人。

参考文献

[1] BRATTSET H. What are the characteristics of the study circle？[M]Oslo：Norwegian Institute of Adult Education，1982

[2] 苏全有，李伊波. 民国时期读书会述论[J]. 宝鸡文理学院学报（社会科学

版），2013，33（8）

[3] 吴惠如. 以读书会促进全民阅读探析[J]. 国家图书馆学刊，2014，23（6）

[4] 赵俊玲. 国内外读书会研究及展望[J]. 图书情报研究，2015，28（3）

[5] 向剑勤. 读书会的演进及其功能探析[J]. 图书情报工作，2016，60（5）

[6] 凌冬梅. 我国近代读书会的价值及其研究[J]. 图书馆论坛，2019，39（11）

[7] 新华社. 中宣部印发《关于促进全民阅读工作的意见》深入推进全民阅读
　　[EB/OL].（2020-10-22）[2021-12-28]. http://www.gov.cn/xinwen/2020-10-22/
　　content_5553414.htm

1.4

📖 读书会现状及运营模式

在各类发表于报刊的文章中，根据研究方向的不同，对读书会的分类方式有很多种，例如，根据载体的不同分类、根据地域的不同分类、根据年代的不同分类。根据定位和目标的不同，我把目前存在的各类读书会大致分为三种——商业运作型读书会、民间公益型读书会、企业读书会。

商业运作型读书会

在读书会的商业模式探索中，很多人走出了"筚路蓝缕，以启山林"的探索之路，最早是贝塔斯曼书友会，后来产生了针对商业群体的蓝狮子读书会和面向大众的樊登读书会。

贝塔斯曼书友会在20世纪90年代中期开始推行图书俱乐部的业务模式，建立自己的送货上门和客服服务系统。2008年7月，贝塔斯曼书友会终止了中国书友会的运营，无法持续规模化发展成为其终止业务的主要原因。

贝塔斯曼书友会关闭后，中信出版社与蓝狮子财经出版中心等在

2008年一起发起成立了蓝狮子读书会，继续进行读书会市场的探索。蓝狮子读书会采用会员年费预付制，每月提供书单供会员选择并负责配送，同时还为会员每年举办4～6场阅读沙龙活动，比贝塔斯曼书友会更关注商业群体的社交需求。经过八九年的商业模式探索与发展，蓝狮子读书会成为皖新传媒上市收购的核心业务之一。我在蓝狮子读书会工作了6年多时间，在这个过程中养成了稳定扎实的阅读习惯，更为自己探索企业读书会运作模式打下了坚实的基础。

2013年10月，樊登读书会成立，开始对线上读书会的商业模式进行探索。樊登读书会将书籍精华解读、讲书课程、学习社群和电子书等知识付费内容作为主要产品和服务；尤其是书籍精华解读这款产品，满足了很多人阅读速度慢又渴望学习、在交通工具上听讲好书的需求，成为其商业爆发式增长的主要原因。樊登读书会的营销模式对其业务的增长也至关重要：一方面，发挥粉丝经济的优势，通过社群运营实现了线上营销的病毒式传播；另一方面，推广授权代理，建立了良好的分销渠道。提供满足需求的爆款产品和营销推广的组合打法，使樊登读书会总注册用户在2020年10月22日突破了4000万人。

这三家机构在商业运作型读书会的发展史上，算是三家"地标性"的企业，简单说就是满足了不同时期、不同用户的不同需求，展现了从满足买书需求、选书需求到听书需求的变迁过程。用户需求在读书会商业模式的发展中具有主导性作用。

还有其他的读书会，例如，以企业家为主要群体的读书会，读书并不是主要目的，而是社交的"幌子"。这样的读书会本质是一个社交平台，也是商业模式的一种，这里就不做具体分析了。

还有一类读书会是针对特定群体的，如针对学龄前儿童。这类读书会以其开发的绘本阅读课为卖点，出售线上或线下的阅读课年卡，跟早教培训机构相似，在细分领域满足客户需求。

整体来看，商业运作型读书会一年比一年活跃。除读书会头部企业外，细分领域、地域性的商业运作型读书会发展也很强劲，它们依托书店或自媒体来收取会费。

当然，读书会行业也遭遇了发展瓶颈。例如，樊登读书会推出"买一送一"的打折促销活动，继而重新推出企业读书服务，我们由此不难推测其业务增长速度有所放缓。会员续费成为整个知识付费领域的"卡脖子"问题，除了樊登读书会，其他读书会也在尝试突破此瓶颈，多家知识付费机构都在努力寻找新的业务增长点。

这里提出一个问题：未来商业运作型读书会的增长点在哪里？我个人认为，具有强大的购买力和价值需求的企业，将会成为未来商业运作型读书会角逐的主战场。在与同行的探讨中，我发现大家有一个共识，即企业读书会将成为知识付费市场中火热竞争的新品类。那么，如何发挥商业运作型读书会的优势，转变思维，满足企业的需求呢？我们在下文"企业读书会"中继续探讨。

商业运作型读书会通过一系列营销活动，对阅读推广起到了很大的推动作用。它不仅能为企业带来商业价值，更有深远的社会意义。不管商业运作型读书会的商业模式最终是成功还是失败，都对目标群体或者大众的阅读行为产生了积极的影响。

民间公益型读书会

2021年政府工作报告中提到"倡导全民阅读，共建书香社会"，全民阅读至此已经第八次被写入政府工作报告。随着政府对全民阅读的持续推动，各级公共图书馆作为公共阅读文化推广阵地，宣传教育、工会团委、印刷出版等多部门联动，全社会广泛参加的全民阅读推广体系逐步形成。

在这个体系当中，大大小小的民间公益型读书会如雨后春笋一般成长起来，并逐步发展成为阅读推广的主要力量。这些读书会的创始人也在逐渐成长为一批优秀的阅读推广人，对于营造阅读文化、推动全民阅读、打造书香社会起着不可小觑的作用。

2015年，我走访了上海十几家民间公益型读书会，有的是以本科或研究生同学为核心群体形成的读书会，有的是以某一特定阅读爱好为核心形成的读书会，有的是纯粹以阅读分享为核心形成的读书会，还有的是以公益阅读推广为核心形成的读书会。它们的共同特点是，核心发起人很少，一般3～5人，没有固定的场地。有些读书会收取少量会费或押金，但绝大部分读书会没有收入来源，靠创办者的热情支撑，一般都有不定期的阅读分享活动。所以，这些读书会的规模一般不大，会员从几十人到一两百人，最终形成相对稳定的阅读圈子。现在，三分之一的读书会还在活跃，其他的读书会因为发起人工作忙碌或者缺乏经费而停止运营。现在的民间公益型读书会也有从公益跑道成功进入商业赛道的，如阅读马拉松、说书一刻，做得很有特色。

除此之外，最近几年以少儿绘本阅读为主的民间公益型读书会发展最为迅猛。国内缺乏专业的绘本评判标准，很多人基于爱好，从教育自己孩子的角度出发，开始做亲子读书会，然后服务社区，与市区妇联联动，也形成了不小的影响力，在引导低幼儿童阅读方面，做出了不少贡献。

民间公益型读书会面临的问题是，多靠发起人的热情驱动，缺乏系统的读书方法论支撑。国外有英语分级阅读，而国内的阅读分级工作并不是特别细致，没有科学权威的参照系。而且，资金来源不充足，只靠有限的单场阅读活动收费，不利于读书会的长远发展，而阅读爱好和习惯的形成又需要持续的阅读活动培养。这使民间公益型读书会无法突破现有的瓶颈。另外，也有一些针对中小学生的读书会，但基本模式还是由老师主导开展有趣的大语文课，与阅读兴趣的培养、阅读习惯的养成、阅读能力的提高相去甚远。

民间公益型读书会运作经费捉襟见肘，但发展空间巨大。民间公益型读书会越来越多，阅读推广人也越来越多。人们对阅读的渴望比较强烈，这也为民间公益型读书会的发展提供了肥沃的土壤。民间公益型读书会是知识社交平台，大家在其中阅读好书、交流思想，其非常有利于个体成长。

对于民间公益型读书会来说，如果想谋求更长远的发展，一方面可以探索商业赛道，另一方面可以注册成为社会组织，获取公益基金会的资金支持，或者承接政府或者公共图书馆的采购项目，为读书会的发展注入血液。

企业读书会

关于读书会的文章，我在这里分享中国知网的一组数据，供大家参考。关于读书会的文章，发表在学术期刊上的有2073篇，学位论文有78篇，会议相关文献有39篇，发表在报纸上的有704篇，加上其他类别的内容，总计4250篇。再来看相关关键词的搜索比较：搜索"培训"

有1383541条结果；搜索"企业文化"有200719条结果；搜索"幸福指数"有11692条结果；搜索"企业大学"有4276条结果。这几个简单的数字直观地反映了相关主题关注度的差别。

为什么选择这几个对照关键词？这是因为培训、企业文化、幸福指数和企业大学这几个关键词与企业读书会关联度比较高。企业读书会往往与特定群体的培训目的、营造企业的阅读文化氛围、工会提高员工的幸福感和企业人才培养相结合。

近两年出现一些对企业读书会明确而孤立的需求，例如，如何组织线上阅读活动、如何组织阅读沙龙、能不能请老师来讲某本书、针对世界读书日怎么创意策划等，还有的企业需求很模糊，领导很喜欢看书，希望在企业内部推广阅读，但负责人对此没有太多想法。企业整体对于组织阅读活动缺乏认知，更缺乏系统的方法论，因而其需求呈现散点化、形式化、轻松化的特点。

我们如何看待企业读书会的现状呢？

首先，企业有读书会运作基础。 很多政府机构、企事业单位都有职工书屋，自2008年全国总工会开展职工书屋建设活动以来，已经累计建成职工书屋10万余所，职工书屋被打造成广大职工的精神文化家园。还有很多企业自建企业图书馆，馆藏图书从几千册到几万册，门类丰富，能够满足广大员工的阅读需要。

其次，企业发展需要员工共同成长。 企业的需求从对图书的需求演变为阅读需求，进而演变为组织文化需求；图书的配备已经成为基本条件，企业更迫切的需求是组织员工阅读，打造学习型企业。

最后，企业组织读书会，缺乏系统规划。 很多企业有阅读需求，但通过什么方式去影响员工并没有章法，仅仅表现为单点需求。

企业读书会由领导推动，由党建部门、人力资源部门、工会或企业文化部门出经费购买图书，邀请作者举办讲座或组织阅读分享活动。还有些小微企业没有预算，要求某一群体（尤其是管理层和业务部门）交纳押金，强制阅读。这属于很强势的内部阅读推广形式，无形中给组织部门增加了相当大的难度。

从新冠肺炎疫情暴发后居家抗疫的时候开始，对企业读书会的需求就出现了爆发性的增长，我经常接到关于企业读书会的咨询。后来，针对企业读书会的咨询数量又逐渐回落，但对企业读书会的需求上升成为不可逆转的趋势。通过观察，我发现市场现在对企业读书会有普遍需求，但能够提供读书会系统服务的机构凤毛麟角，很多洞察到这一市场的人开始在这一新兴领域试水。当然，各家知识付费和电子书平台也发现了商机。对它们来说，最大的瓶颈是从知识付费产品的"批发思维"（简单的团购年卡模式）转变为基于客户的"需求思维"，通过前期调研、数据分析和内容算法实现与客户需求的个性化匹配。其实这也不是什么难题，因为企业的阅读需求具有共性，所以企业读书会落地并不是最困难的问题，转变人们的认知才是。

我一直关注的商业运作型读书会、民间公益型读书会和企业读书会就属于读书会的三个不同细分领域，各自的运作模式和定位都有很大的不同，如下表所示。对于这三类读书会，我不是旁观者，而是亲历者。基于超过10年的相关工作经验，我希望对这一行业的发展做出一点贡献，分享自己在实际运作过程中积累的经验和教训，以及对于一些问题的探索和思考。

三类读书会的区别

模　　块	商业运作型读书会	民间公益型读书会	企业读书会
细分领域	个体阅读	群体阅读	组织阅读
财务目标	追求盈利	降低成本	性价比高
价值目标	满足个体快速获取知识和内容的需求	知识分享 知识社交	共同学习 团队成长 个体成长
运作模式	知识付费	星系模式 *	项目团队
定　　位	价值变现	公益组织	学习平台

* 星系模式指围绕核心人物的松散化运作模式。

　　同时，通过对于读书会行业的长期观察和大量阅读相关的论文和研究报告，以及自己的亲身实践，我发现现在对读书会的研究还处在初级阶段，这个行业还缺乏一定的关注度。读书会的发展需要更多的参加者和实践者，也需要更深入的研究者，能够对读书会的存在形式、运营模式、价值定位、发展趋势等进行长期的跟踪、数据的积累、系统的分析和专业的研究，使读书会能够为个体、企业和社会的发展创造更大的价值。

　　本章系统分析了个体阅读的现状、阅读的宏观环境、阅读服务行业的发展阶段、读书会的发展历史及当下读书会的三种主要运营模式。从阅读产业到阅读服务行业，从读书会到企业读书会，我们像漏斗一样，逐渐对企业读书会这一新兴领域聚焦，这样更容易帮助读者做好企业读书会。

　　在实践中，由于定位不明确、需求模糊，在内部运作读书会的企业陆续出现了一些普遍的问题。我在帮助企业创建读书会的过程中，也碰到了一些具有共性的问题。下一章，我们就讲述大家可能遇到的常见问题。

第二章

企业读书会常见问题分析

企业读书会作为阅读服务行业的新锐，

正在市场需求的催生下蓬勃发展。

正因为新，

所以它也遇到了很多亟待解决的实际问题。

：
：

　　在实际策划和帮助企业运营读书会的过程中，我总结了两个比较集中的痛点：一个痛点是企业读书会的起点——领导希望员工多读书。作为企业读书会的普遍起点，对于领导的想法到底如何理解，如何将其梳理成可量化、可执行的目标？另一个痛点是企业读书会的参加主体——员工——如何才能积极参加读书会？如何帮助员工解决阅读的实际问题？这两个问题解决了，才能解决后续的问题，如企业读书会的目标、价值评估和可持续性发展等。员工真正认识到阅读的价值，并有自主的阅读行为，是企业读书会可持续发展的根基和价值立足点。

2.1

📖 怎么理解领导希望员工多读书

很多企业建立内部读书会，都源于领导的一手推动，而且多数是企业的一把手。例如，老板提倡全员阅读，部门领导推进本部门阅读学习；共同的特点是，领导自己很喜欢读书，就希望员工也多读书。领导的想法非常简单，也很真诚，于是事情被落实到某人身上具体推进。很多人找到我的时候，我能感受到他们一头雾水。

接到这项工作的朋友，通常会从以下几个方面着手。

1. 制作企业内部推荐书单

结合领导的推荐和各大网站的畅销书榜单，定期或不定期地做个推荐书单，发布到公司的微信公众号上，或者放在指定人群共读的微信群里，或者将其群发到大家的邮箱里，供大家选择。

2. 给大家买书

这种事很多企业都在做，有的大中型企业还有人均买书预算，总额加起来可能有几百万元，可见企业的重视程度。有的企业干脆按照领导或者文件的要求直接买书发给员工，有的企业则是让员工自己买书报销，或者与网络平台对接，员工选书，企业结算。各家企业大同小异，但后续跟进就显得落后了，很少有企业会后续跟进员工的阅读行为。

3. 策划阅读活动

有预算的企业会请作者或导读老师讲书，做讲座。没有预算的企业多数会组织内部休闲阅读沙龙，氛围轻松活泼，大家在一起聊聊书，也可以将其当成一种团建活动。

4. 针对重点推荐书阅读打卡

在高管、中层干部或者员工微信群里推行阅读打卡的活动，慢慢不了了之。

5. 发听书卡

给管理层或者普通员工发电子书阅读卡或听书卡，不管员工读不读、听不听，事情算是落实了。作为执行的部门，监督和推动也是一个难题。

6. 分享活动

让员工写阅读心得，或者讲书，大家轮流分享自己的收获。负责任的人肯定知道，去求稿或者求对方分享，这个工作费力不讨好。

如果你所在的企业的情况，比我说的这些情况要好，那说明你所在的企业已经属于企业读书会领域前20%的优秀企业了。而许多在企业内部推行读书会的企业，对我刚才提到的这些情况，会在内心默默地打几个"√"。这样的企业不在少数，企业读书会运作一段时间后，负责人累不说，还很难见效果。

很多企业之所以这么做，是因为负责人对领导的意图和需求不清楚。目标不明确，定位不清晰，再加上员工的阅读基础比较薄弱，许多企业读书会就变成了现在这样。

到底如何理解领导的意图呢？我们可以从几个层面解读。从个体成长角度来说，领导希望员工通过阅读提高自主学习的能力，能够陶冶情操，开阔视野，在理论上掌握方法，在行动中学以致用。对于企业发展来说，领导希望员工通过阅读，提高发现问题、分析问题和解决问题的能力，把握市场机遇，迎接市场挑战，最终形成积极向上的企业文化氛围。领导到底有什么意图？如果只是揣摩领导的用意，就没有办法将其变成工作任务去执行。

当领导提出要搞读书会的意向后，如果你负责落地的话，为了解领导的意图，有必要创造机会，跟领导深入沟通，把领导含糊不清的期待变成清晰、可量化、可实现的目标。在我接受咨询的案例里，几乎所有人都缺失深度沟通这一步。你大概会说："领导那么忙，这个事情也不是工作重点，进行深度沟通有点小题大做了。"我的看法是，这种工作，一方面难做，另一方面也容易做出亮点。如果你想把这个工作做好，那就必须重视领导的潜在意图和深层需求，并将它显性化。这也是一种工作方法，不仅可以减少工作的盲目性，还可以增加工作的价值感。

在深度沟通中，可以重点提问以下几个问题。

1. 背景：为什么要在企业内部推广阅读？

这个问题的要点是，确认领导在企业内部推广阅读是个人爱好的延伸，还是有更深层次的目标。你需要挖掘一下，了解领导推动建立企业读书会的背景是什么，企业有什么重大变化，是因为组织变革、业务创新、竞争压力、企业文化转型还是团队重整。了解具体背景，是开展好这项工作的前提。

2. 目标：企业读书会针对什么群体？其目标是什么？

全员阅读是一个很大的话题。小企业有成百上千名员工，大企业有几万名甚至几十万名员工，针对这样的目标群体推广阅读，应分层、分类、有重点、有阶段性目标，只有目标不盲目，成果才能显著。中小企业虽然人少，企业读书会也更好运作，但重点人群和目标的确定不能马虎。

3. 诉求：领导希望员工多读好书，是希望解决什么问题？

在企业内部推广阅读，领导是希望员工有积极的心态，通过阅读解决工作和生活里的问题，还是让员工自我发展，或者提高业务能力、沟通能力？明确目标，可以把实用性阅读的价值发挥出来。

4. 定位：企业读书会的定位是什么？

这个问题决定了企业读书会的发展前景。企业大学是为企业培养人才，那企业读书会的定位是什么？它与企业大学的关系是什么？它是企业文化的表现形式，还是员工福利项目？企业读书会的定位不同，为企业创造的价值及其发展空间也不同。

我认为，企业读书会是企业持续孵化高潜力人才的平台，通过系统提升阅读能力，员工不断自我进化与成长，能够为企业带来勃勃生机。

5. 团队：企业读书会的运营团队如何配置？

如果企业安排专人或者小团队负责企业读书会，那与安排一个员工兼职来做，两者之间肯定是有显著差别的。从实际运营角度来说，企业读书会靠负责部门的个别员工来推动，这个组织力量显然是不够的。发动更多爱阅读的员工加入并成为骨干力量，能使企业读书会更开放、更有活力，有更大的发展空间。

6. 图书：希望员工多读哪些类型的图书？

企业读书会也是企业内部价值观的宣贯形式，了解清楚领导希望员工多读什么书，哪些书与他的价值观更匹配，能使企业自上而下形成更一致的内部沟通语言，使大家在同一个频道交流，促进企业内部价值观的融合。

7. 阅读量：希望每位员工一年读多少书？细化到每个月，甚至每个星期是多少？

为企业读书会落地进一步明确具体目标。问题层层深入，由虚到实，领导推动阅读的真实需求变得越来越清晰。

8. 预算：企业读书会的预算是多少？

这个问题也是一个很隐蔽的问题。很多人找我咨询企业读书会，聊到最后都是说，领导没有预算。没有预算，一方面说明领导认为在企业内部推广阅读这个事情很简单，另一方面说明领导没去想读书会的深层价值，只是简单认为读书好。这将使这项工作的开展难度加大。与领导深度沟通就是为了打开这个"结"，一方面明确领导的意图，另一方面也是将读书会的价值反向传递给领导，引起他的重视，使读书会在企业内部生根发芽。没有预算并不是不能做企业读书会，而是很难做好，让它的价值真正发挥出来。很多企业做读书会，做了三五个月或者一年就停下来了，不能不说，这是一个很主要的原因。

以上问题都是企业建立读书会时会遇到的共性问题。此外，还可能遇到其他情况。总之，负责人的目标非常明确，就是将"希望员工多读书"这个需求量化，让其简单易行。

以上内容可以帮助你了解领导在企业内部推动阅读的潜在需求，在企业读书会的策划运营中做到有的放矢。同时，与领导深度沟通，增加领导的重视程度，也能使工作的开展得到支持。解决了读书会"起点"的问题，就需要解决员工参与度的问题了，无论是个体阅读的主动性，还是群体阅读的积极性，都需要着力解决个体阅读的习惯问题。

2.2

📖 读书不是刚需，很多员工没有
阅读习惯怎么办

"读书不是刚需，很多员工没有阅读习惯"，这是各家企业普遍存在的问题，只要做企业读书会，就肯定会碰到这个问题。其实，你不用太焦虑，因为作为负责员工阅读这件事的主角，很多人都很焦虑。

怎么看待这个问题？

在分析这个问题之前，我为你分享几个有意思的数据。在员工普遍学历比较高、以大学本科为主的企业中，无须任何阅读干预和影响，一直保持阅读习惯的员工大概在5%左右，占比并不高。这是否跟你认为的差不多？

当企业开始组织阅读活动、为员工提供阅读能力培训，通过各种方式持续营造企业内部的阅读文化氛围，一两年之后，这个数据可以达到20% ~ 30%。在系统运营读书会三年之后，你才可能看到数据达到30% ~ 50%的长期稳定状态。但是，一旦读书会停止运营，数据又会出现一定幅度的下滑。这就是在企业内部建立读书会的时候，普遍面

临的问题。

它反映出来以下几个方面的问题。

1. 员工的阅读兴趣普遍不够强烈

书不是生活必需品。我们每个人都有很多功利性的目标，如更高的薪酬、更高的职位、更大的房子，而阅读的价值是无形的、偏精神层面的，不能直接帮助我们实现那些功利性的目标，所以我们需要那些快速见效的东西。这就造成了我们很难建立阅读与现实的直接连接，对阅读的渴望和兴趣并不强烈。

2. 员工的阅读习惯普遍需要找回

我们需要了解，人们并不是有时间就能静下心来读书。现在有太多娱乐消遣类的App，它们夺走了人们的注意力，阅读在个人精力的争夺战中很难赢。即使拿起一本书，能翻几页，不一会儿，你就会放下它去玩手机了。在这一点上，我们必须面对一个现实，尽管上了十几年学，读了十几年书，但很多人的阅读习惯还是丧失了，需要重新找回。

3. 员工的阅读能力需要重新培养

这是我们需要了解的另外一个真相，并不是一个人认识字就具备快速阅读或者精读的能力。快速阅读需要搭建知识框架、提炼要点，总结归纳关键信息，它需要专注力、理解力、归纳力、记忆力和思考力一起发挥作用。人们对文字反复品味才能体会到文字之美，才能悟出文字背后的智慧，这就是精读。这两种不同的阅读能力又都需要长期培养。员工阅读能力的提升不是一朝一夕的事情，需要系统培养。

4. 企业阅读氛围有待长期营造

在新冠肺炎疫情期间，很多企业组织策划了各种形式的线上阅读活动。在居家办公期间，几乎每天都有一家企业向我咨询读书会如何运营，尤其是线上阅读活动如何策划。由此可见，那时候对读书会的需求多么强劲。现在回过头去看，很多企业推广阅读没多久，工作一常态化，大家马上全身心投入工作，读书会也恢复了原状。企业并没有持续推广全员阅读。这也说明，企业对全员阅读的价值没有足够深刻的认识，即使有深刻的认识，迫于生存压力，还是更注重时效性的效益目标。

上面我们一起分析了"读书不是刚需，很多员工没有阅读习惯"背后深层次的问题。作为企业读书会的推动者，你需要清楚自己面临的这些基本情况，在推广阅读活动的过程中，尽量将企业的发展需求、人才培养需求和员工的阅读兴趣、阅读习惯和阅读能力结合起来。

现在，我们重点聊一聊阅读习惯。

阅读习惯的养成

坦率地说，养成一个新的习惯并不容易，要帮助员工找回阅读习惯，或者培养阅读习惯，需要科学设计，从习惯养成的本质出发。

社会上有很多阅读打卡类型的活动，你或者你所在的企业之前也许就组织过阅读打卡活动，如21天或者100天培养阅读习惯。这种类型的项目特别多。这样的阅读打卡活动帮助你或者你的同事培养出阅读习惯了吗？如果没有，那你觉得多久才能培养出员工的阅读习惯？培养一个新习惯，到底需要多长时间呢？我喜欢刨根问底，为找到这个问题比较可信的答案，我读了大量关于脑科学的书。我特别想知道习惯养成的真实逻辑，以及它的神经学原理是什么。最终，我在一本书中了解到，新习惯的大脑回路形成通常需要144天左右。

大多数商业项目偏重计算产品的投入产出比，不一定真正追求帮助用户解决问题或者实现目标。例如，帮人们培养阅读习惯，这并不一定是它的核心诉求。事实上，只有当你的习惯没有养成的时候，你才是它的有价值的潜在客户。有时候，商业价值与用户价值是背道而驰的，此时产品就需要在这两者之间做一个权衡。理解这一点之后，我们就可以知道多久才能帮助员工培养出相对稳定的阅读习惯。

了解了习惯养成的原理，还需要了解习惯养成的步骤，才能有效帮助员工养成阅读习惯。

我把阅读习惯养成的步骤概括为四步：这四步就是"玩阅读—趣阅读—浅阅读—深阅读"。你也可以将这四步理解为培养阅读能力的四个过程："有趣地读书—读有趣的书—读无趣的书—无趣地读书。"儿童阅读习惯的养成遵循这个逻辑，成人的阅读习惯也可以跟孩子一起来培养。

提到阅读可以"玩"，很多人会觉得我是在故弄玄虚。你不要着急，先听我分析。

我提到的这个"玩"，并不是阅读娱乐化，而是阅读心态轻松化。很多人会质疑："我给你一套《资治通鉴》，你给我玩玩看！"这就有点较真的意思了。吴承恩的《西游记》被凯叔讲得通俗易懂，原文却文白间杂，成人读也未必顺畅，念给孩子听更难懂了。考据严谨的《中国通史》被漫画家解读得亦庄亦谐，很多人也就有兴趣去翻一翻了。可能这不太符合大家对读书的理解，但这就是当下真实的阅读现状。

1. 玩阅读——有趣地读书

这个阶段，我称之为"玩阅读"，主要跟阅读的形式和内容有关。如果一定要对应阅读的某种形式，那就是碎片化阅读。这个环节适合已经常年不读书或者一年读几本书的人，也就是基本已经丢失了阅读习惯和阅读兴趣的人。没有阅读兴趣的人，就像一个阅读的"抑郁症患者"，已经对阅读这件事情提不起任何的兴趣了，一想起来甚至有几分嫌弃或者厌倦。

如果我们意识到网络信息不能代替阅读，渴望找回阅读兴趣和阅读习惯，就可以尝试将阅读跟休闲娱乐结合在一起，让阅读重新融入我们的生活。儿童阅读习惯的养成是从绘本、故事书、涂色书、剪纸书开始的，成年人的阅读习惯也可以从"玩"开始，从适合我们看的绘本和图文书开始。年轻人可以看幾米的作品《不爱读书不是你的错》《幾米：躲进世界的角落》《我不是完美的小孩》《又寂寞又美好》等，慕容引刀的作品《微笑的咖啡杯》《刻在心里的画》《懂你的人会懂你的好》《让爱点亮》《童年的星星还在吗？》《爱你不是两三天》《爱上容易爱下去很难》等。稍微再长几岁的年轻人就可以看一些引发思考的图文书，例如蒋勋的《肉身觉醒》、老树的《在江湖》等，会有不同的感触。绘本和图文书的好玩之处在于，你可以在书上写写画画，提几个问题，自问自答。通过这些问答，书的内容也会被记住，一举两得。有些纯文字的书，如果读起来实在枯燥无味，可以通过提问和插图来增加其好"玩"度，以此激发自己的兴趣。在这个过程中，可以随兴所致，不用管读了几页，读了多少字，只要读过就好。

还有以摄影、绘画、美食和旅行为主题的书，都可以作为这个阶段的读本。总之，要让书像日用品一样，全面回归我们的生活。我们可以在这些书中找到跟我们原有兴趣相关的内容，从书中学习一些生活技能，体会到阅读带给我们的快乐。

慢慢地，翻书就会变成一种习惯。当你想了解某一方面的知识、学习某一方面的技能、解决某一类生活中的小问题时，就会有意识地去寻找相关图书来阅读。这是一个依托"有趣"培养我们与书连接的新路径，在大脑中开辟一条"生活与书"的新神经通路。大脑里本来没有阅读这条路，或者因为长期没有维护，这条路已经变得荆棘丛生了。现在，我们依靠"玩"，重新修一条阅读的脑路。

在将"玩阅读"应用到员工的阅读习惯培养时，可以选择轻松休闲类图书，或者通过绘画和游戏的形式，来建立员工对阅读的兴趣，让阅读不知不觉回到人们的生活中。

2. 趣阅读——读有趣的书

在阅读的过程中有一些收获感，人就会逐渐产生兴趣。开始"趣阅读"之前，对阅读的认识不能过于庄重，想象太多阅读的仪式感，例如"安静的咖啡馆，细雨蒙蒙的下午"，或者"瑞脑香曳落灯花，红袖添香夜读书"，这对场景要求太高了。如果你距读书还差一个悠闲的下午，你离读书还缺一个明净的书房，那阅读只能是你的"心中落雁，梦中沉鱼"了。恐怕你还没找到合适的场景，阅读的时间早已经被其他事情占据了。现实的阅读就是包里放一本书，随时随地拿出来看两眼，随时随地思考，随时随地问问题，随时随地写两句感悟。手机电子书也可以阅读，但当面对密密麻麻的App时，你点开阅读App时的"敌人"太多了，也太强大了，所以很快你就会被其他有趣好玩的App吸引走。在刻意培养阅读习惯的时候，我建议看纸质书，通过对书的触感和灵感的记录，来强化大脑对阅读体验的记忆，这有助于培养阅读习惯。

在趣阅读阶段，可以读自己喜欢的图书类别。我建议从小说开始，例如你喜欢武侠、科幻、玄幻或者言情类题材，就可以将其作为继续培养兴趣的支撑点。受故事的吸引，你在阅读的时候会集中精力，不知不觉提高阅读速度，渴望知道故事情节的发展，以及故事的结局。如果说"玩阅读"推荐的书不过是阅读殿堂门口的小花园，那么小说就是进入阅读殿堂的门了。从这个门走近阅读，很快就可以登堂入室了。

怎么进行趣阅读？尽量寻找相对较长的时间，可以选择睡前或者周末时间，地点可以是床、地铁、火车、飞机，时间充裕，可以随时入境。零零星星地读小说很容易忘记故事情节，没多长时间就会让人失去兴趣，在这个节点，你要刻意保护自己脆弱的兴趣，直到阅读习惯养成。

在这个阶段，我推荐海明威、马尔克斯、金庸、刘慈欣、村上春树、东野圭吾等作家的作品。太多的名家名作可供选择，你可以选择任何你感兴趣的作家和他的作品。小说就像人类最绚烂的智慧光芒，它带我们进入多维立体的精神世界，小说家驾驭着语言探测器，带我们穿越时空，体验精神世界的浩瀚宇宙。

在这个阶段，需要激发的是好奇心，好奇心将驱使你去探索更广阔的精神世界。

在培养阅读兴趣的路上，小说功不可没。在培养员工阅读习惯的时候，小说是一种重要的体裁，可以策划让员工讲述各种经典作品的活动。

3. 浅阅读——读无趣的书

对阅读产生兴趣之后就进入浅阅读的阶段了，此时你就可以涉猎不太喜欢的门类了，进而扩展自己的知识体系。在前两个阶段培养的阅读能力将帮助你勇敢面对自己不喜欢的图书类别，好奇心和对求知的渴望会促使你去尝试更多的图书门类，涉猎更多的图书。

在这个阶段，你可以涉猎很多平时不太关注的领域，这可能激发自己新的兴趣，也可能因为枯燥而半途而废。在阅读这类图书之前，我有几点建议。

你要带着问题去读，在阅读这类图书前先问自己三个问题：这本书是关于什么的？书的主要观点和内容是什么？作者是想解决什么问题，还是想表达什么思想？带着这样的问题去读，从书中找到答案，目标感会促使你战胜枯燥的感觉，打败厌倦心理。探索新的图书门类，最怕因为自己的偏见自动过滤掉一些好书，或因为观点不合而放弃阅读一本好书。时刻提醒自己，阅读会有这种偏见，确保自己每次放弃阅读仅是因为图书的确没有足够的价值，而不是固有的认知使你放弃。

你可以沿着阅读目标快速进行浅阅读，也就是通常人们说的泛读，找到自己想获得的价值和内容。泛读有利于开阔视野，增加看事物的角度，使人逐渐能够客观地认识一本书，认识一个主题，甚至一个领域。

在这个阶段，你可以读一些财经管理类、历史类、哲学类图书，一本书就可以打开一个未知的领域。如果让我说个数量，大概不同领域的图书需要读几百本吧，坚持一段时间后，知识面在这个过程中开始变得广博，能力也有了系统性提升，各种东西都开始懂一些了。在跟别人交流的时候，你会发现自己更有话题，更能听懂别人讲的内容了，跟别人对话也更有共鸣和深度了。此时，你的内心开始渴望表达自己的一些观点和想法。这个阶段激发的是分享欲，分享欲促使你去建立自己在一个领域的专业度，以此获得更广泛的认同和尊重。

浅阅读非常适合阅读实用类图书，实用类图书常常辅以大量的分析、有趣的故事和案例，让书变厚。目标明确，通过看书的目录和序言，你就可以抓住这类书的要点。所以，这类书适合快速阅读，阅读拓展活动、阅读分享比赛可以用这类书作为选题和内容。

4. 深阅读——无趣地读书

经过广泛涉猎的浅阅读阶段，你会发现自己阅读的类别太杂，而对某个学科和专业了解得不够深。于是，你开始根据自己的兴趣或者工作需要，进行大量专注的深度阅读，思考并记录阅读中遇到的问题，试图寻求解决方案。同时，你开始系统地获取知识，打造你在这一领域的理论框架和思维体系，慢慢形成自己对这个领域的深度见解，并渴望跟相关的专家交流，以验证自己的收获。这个阶段就是深阅读。如果浅阅读形成的是一片连绵不断的山脉，那么深阅读就是在打造这片山脉的最高峰。如果浅阅读让我们找到很多看待事物的视角，那么深阅读能帮助我们形成有深度的认知，甚至洞察事物的本质。

尼采说："面向大众的书常常散发着恶臭。"这句话相当刻薄，但也说出了大众阅读存在的深度不够的问题。在深阅读阶段，适合用精读方式去阅读经典图书。国内外千百年流传下来的经典名著在这个阶段会进入你的视野，其他书逐渐被这些书的光芒掩盖，让你提不起兴趣。

我经常听到朋友说，只读经典书，言下之意是对其他类型的书嗤之以鼻。其实，这也是傲慢与偏见，因为每类书都有其存在的原因和价值，不必刻意排斥，也不必刻意批判。学会公正地评判一本书，读出它的价值，这也是一种胸怀。

如何进行深阅读?

首先，注重图书和作者的背景，在阅读前了解背景，有助于理解书中的内容。经典图书之所以流传下来，除作品经典之外，一定有其独特的历史原因，这是不能忽略的。

其次，对于书的内容，不能像之前的阅读一样囫囵吞枣，也不能一知半解。在这个阶段，你一定要有专心做学问的态度，对不懂的内容花时间找资料，找人请教，直到彻底明白。

再次，可以断断续续地读，也可以几本书穿插阅读。这些都不是问题，但对于每本书的每段内容都要彻底读懂，做阅读笔记，并撰写阅读心得。之前的三个阶段是为培养深阅读的能力，现在是在培养自己深阅读的治学习惯。

最后，要有怀疑精神。经典作品毕竟产生于特定时代，世易时移，应取其精华，去其糟粕，这是读书者需要有的态度。

深阅读是带领我们穿越无趣的人生、通往思想自由的必经之路。如果说人会有一生的灵魂伴侣，那么不要寄希望于某个人，因为真正的灵魂伴侣，要么在浩瀚的书海里，要么在尘封的书架上——书才是每个人真正的灵魂伴侣。

深阅读可以用于让员工探讨某个主题，例如从脑科学、心理学、营销学、美学、生物学等角度阅读图书，从不同角度探讨对创新的认识。这能够将几十本好书与一个探讨活动快速进行连接，是打破传统思维的很好的互动学习方式。

在阅读习惯养成的过程中，每个阶段的时间有长有短，第一个阶段有时会被人们略过。"趣阅读、浅阅读和深阅读"在人的阅读习惯养成后，就有机地结合在了一起，变成一个人无形的选书和读书体系，伴随人的一生。很多人阅读，不太考虑自己的阅读行为逻辑，如同很多人天天忙碌，不考虑自己的工作逻辑一样。这时候，人已经变成了一个忙碌的机器，没时间思考这些行为背后的逻辑，也就无从谈起改变了。有些朋友阅读的书的类别常年不变，已经形成了自己的价值观。例如，我认识的一位高管，只看经管类图书，对其他的书没有兴趣。试想一下，一位50多岁的企业高管只读经管类图书，我们可以说他多年专注，但会不会由此产生偏见？我只是提出疑问，这里不做评价。

在养成阅读习惯后就要坚持阅读，这样可以让一个人提高专业能力，形成广阔的视野，养成深度思考的习惯，具有活跃的创造力和对事物深刻的洞察力，从而受益一生。企业在帮助员工形成阅读习惯的过程中，也培养了组织自身阅读的习惯。

在企业大力提倡阅读的环境下，帮助员工找回阅读兴趣之后，就需要提高阅读活动的参加积极性了。个体阅读是自我成长的方式，那么阅读活动就是群体成长的模式了。通过阅读活动，企业可以统一内部的沟通语言，提高沟通效率，激发企业的学习活力。而企业读书会是企业非常需要的组织阅读的形式。很多企业在内部组织阅读活动，第一场做起来就很困难，后面参加的人越来越少，于是就悄无声息地停下来了。接下来，我们一起来分析一下员工参加阅读活动积极性不高的原因，并寻找解决方案。

2.3

📖 员工参加阅读活动的积极性不高怎么办

    企业开始着手做读书会，往往是从策划阅读活动开始的，但常常碰到员工参加积极性不高的问题。80%来向我咨询如何策划企业读书会的朋友，都会先从这个问题说起。

    当然，也有企业会请知名作家来讲书，做关于新书的讲座，开局一派繁荣。紧接着，如果没有名家再来，参加人数就会出现断崖式下跌。为维持参与度，企业读书会就变成了内部的名家系列讲座，这又不符合创办企业读书会的初衷。

    员工参加阅读活动的积极性不高，是企业读书会策划运营的一大痛点。按痛的程度来看，这个痛点可以排在第一位。这个看似简单的问题，背后藏着许多很复杂的原因，让我们一起来分析一下。

员工参与度不高的原因

    员工往往被强制要求参加阅读活动，员工如果有自由选择权，他们一般会从四个方面来判断是否去参加一个活动。

1. 需求度——阅读活动的主题与个人需求的匹配度

如果阅读活动与自己关心的生活或工作问题紧密相关，那么个人的需求会促使很多员工报名。当然，除此之外，嘉宾的知名度、内容的可信度和对主题的好奇度也是影响员工报名的原因。

2. 价值度——员工对阅读活动的价值权衡

参加阅读活动花费的时间和利用这个时间去做其他事情之间存在着利益得失的权衡。如果员工工作任务比较繁重，休闲放松的需求比较强烈，同时没有足够的价值吸引，他们往往就会选择不参加。有价值的活动也需要有效的传播手段将信息传达给员工。

3. 喜好度——员工对阅读活动主题的喜好程度

我们必须承认，作为阅读活动的策划执行者，需要面对阅读非刚需的普遍现状。阅读不再是大家获取信息的主要方式，图片、音频和视频比文字具有更高的吸引力。大家认为读书才是阅读，而我们对多家企业调研的结果是，80%的员工每月读书少于2本，而且是以阅读轻松休闲类图书为主的。这是因为工作压力大，许多员工下班后只想放松，不想阅读费脑子的书。很多人嘴上说想阅读，潜意识里却在排斥。员工对阅读活动主题的喜好程度是员工参加阅读活动与否的又一决策标准。

4. 便捷度——参加活动的方便程度

阅读活动的时间和地理位置，也影响着员工参加活动的积极性，如果是在单位举办，即使主题和需求并不十分匹配，很多人也会抱着试试看的态度来体验一下。

从短期来看，可以从以上四个方面改善员工阅读活动的参与度，但这样做只是"头痛医头，脚痛医脚"，虽然会起到一些效果，却没有办法达到更高的预期。从长期来看，企业员工普遍阅读活动参与度不高，还与一个更深层次的问题有关。

5. 匹配度——员工的阅读兴趣及能力与阅读活动的匹配程度

如果员工的阅读兴趣本身不高，阅读能力也不足，即使阅读活动办得再有声有色，活动的策划运营者也会非常苦恼。或许你会说，大家只是工作忙，压力大，没时间读书而已。事实上，可能没这么乐观。让我们来回忆一下，在举国居家抗疫的那段时间里，周围的朋友真正每天读书的增加了多少？从媒体大数据来看，线下书店受疫情影响严重，而线上渠道纸质书的销售也没有表现出特别的增长。线上阅读平台新增用户数量比一般时期增加20%，日均活跃用户数增加10% ～ 30%。这说明阅读人数有所增加，但增量有限。从大数据来看，更多的人被各种视频平台吸引。在吸引力的角逐中，阅读与视频相比明显处于弱势。这也说明了组织阅读活动的难度。策划阅读活动需要以企业内部员工的阅读现状为出发点。如果发现员工的阅读胃口已经丧失，那么重新培养大家的阅读兴趣、提高阅读能力就是非常关键的、提高阅读活动参与度的举措。在策划组织阅读活动的时候，通过有效的方法、有趣的形式、有内在逻辑的策划来改善这些问题，将有助于长期稳步提高企业内部阅读活动的参与度。

提高阅读活动参与度的具体措施

为了增加员工参加阅读活动的积极性，我建议从以下几个方面着手。

1. 需求调研

在组织策划阅读活动之前，对期望多参加的目标员工群体，进行阅读综合能力测试，包括阅读基本能力和阅读兴趣测试；开展针对阅读活动需求的系统调研，包括活动主题、时间、规模、形式和地点等；安排关于阅读主题的深度访谈，包括推动阅读活动的领导和目标员工群体代表，以便统一中短期和长期阅读推广的目标，系统挖掘共性需求，使活动的策划更有针对性。

2. 降低门槛

在初期策划阅读活动时，尽量降低参加门槛，重点关注员工的阅读兴趣，选择大家喜闻乐见的图书分享主题，如旅行、漫画、国学、理财、热播剧等，还有跟日常生活密切相关的图书。对于这类主题，大家都可以分享和探讨，缩短图书与每个人的距离，增强大家与阅读活动之间的连接，降低参加门槛。

特别提醒的是，尽量增加员工喜欢的图书，避免一开始就推广过于严肃的大部头图书或小众图书，也要尽量避免强制阅读。强制推广阅读活动，会让很多有参加意愿的人心生厌烦，导致活动最终流于形式。这一点需要跟推动阅读的领导在阶段性目标上达成一致。

3. 鼓励分享

阅读活动的主角是员工，鼓励员工多分享和互动，可以增加员工参加阅读活动的主角感，也会促使员工多读书来为现场分享做准备。举个例子，每场阅读活动，可以邀请几位员工用3～5分钟时间分享最近读过的好书，以此来增强员工的参加感。

4. 价值提升

通过对阅读活动的主题、内容、形式和流程不断进行创新，增加阅读活动的趣味性和价值感，让每次参加阅读活动的人都能融入其中，体验到获得感、共鸣感和认同感。在阅读活动中，人们分析不同作品的独特价值，感受脑洞大开的阅读玩法，找到洞察问题的不同视角，释放出思考的能量，碰撞出思想的火花。人们的才华被相互激发，促使参加者渴望参加下一次阅读活动，逐步提升阅读活动的价值。

5. 解决问题

立足现实，一方面，帮助员工实实在在地解决阅读方面存在的各种问题，提高员工的阅读能力；另一方面，创建工作与阅读之间的强连接。例如，从事大客户营销的部门，可以组织销售人员阅读经典商战小说，在体验故事乐趣的同时，掌握有效的销售方法。从共读《输赢》开始，进一步共读《大客户战略营销》，帮助销售人员提高专业销售能力。而且，可以结合企业案例，进行情景模拟，学以致用。

以上五点可以帮助运营企业读书会的朋友，解决员工参加阅读活动的积极性不高的问题。

以上讲述的是企业读书会在运营中的痛点问题，在实施企业读书会的企业中经常碰到，掌握具体的解决办法，可以心中有数，万一出现相应的问题，会有应对方案，做到有的放矢。

运营企业读书会，除解决运营中的具体问题之外，最需要掌握的能力就是洞察需求，这个需求包括领导需求、企业需求和员工需求。下面一章，我们将讲述如何深度洞察需求。

§

第三章

深度洞察需求

我们不是为了做企业读书会而做，

读书会承载着我们的诉求，

我们需要深度洞察企业的需求，

并将需求通过企业读书会的具体项目来实现。

企业读书会是实现需求的工具、路径、平台或者解决方案，

这是企业读书会的系统价值。

企业读书会不是目的，

它作为满足企业和员工发展需求的系统工具，

不应该被本末倒置。

作为一种新业态，很多人对企业读书会充满好奇。2021年4月，我在喜马拉雅上线了《企业读书会策划运营25讲》付费音频内容；6月顺势做了一个线上训练营——《5天轻松上手企业读书会》，短短时间内报名501人，累计447人开通学习权限，累计回收作业495份，174人完成学习任务，完课率近40%。其中7.5%学员有较为成熟的企业读书会组织经验，35.7%的学员计划筹办企业读书会，56.8%的学员没办过企业读书会，但对于这样的新兴模式感到好奇。从这些数据可以看出，不到10%的企业在组织内部读书会，超过90%的企业目前并没有创建读书会。这些数据与我这些年做企业读书会的实际情况基本吻合。线上训练营之所以有那么多人参加，是因为大家逐渐发现企业对内部读书会的需求，而实际上缺乏运营经验。在此次线上训练营回收的作业和调研问卷中，大家普遍提出了如下五个问题：

- 如何评估和检验企业读书会的效果？
- 如何让企业读书会可持续？
- 如何提高员工读书和参加阅读活动的积极性？
- 如何丰富和创新企业读书会的形式，提高活动的价值？
- 如何积累企业读书会运营的经验和专业的读书会运营人才？

从这五个问题不难看出，参加这期线上训练营的学员，绝大多数没有企业读书会运营经验，对可持续性、效果和价值高度关注，同时关注实际操作过程中的参与度，总体上对企业读书会的价值、定位和系统认識不够。当对企业读书会的定位和目标清晰的时候，我们想的是如何去做，将其拆解成可实现的流程，以保证我们想要的可持续性、效果和价值能够实现。在没有清晰的定位和目标之前，只谈效果是没有办法让企业读书会落地的。我们首先要明白自己想要什么。

3.1

📖 需求调研与分析

企业读书会需求访谈

很多企业创办读书会，都是从点状需求开始的。例如，先考虑组织阅读打卡、阅读沙龙、作者讲座或者建立企业图书馆等，通过一些简单的、不连贯的动作满足一些点状的需求。真正要运营好企业读书会，需要从冰山下面的支撑力和资源的匹配开始，逐步完成底层架构，才能支撑读书会的持续稳定运营。

如果企业读书会的推动者或者发起人想在企业内部推广阅读，那么具体负责人就需要与推动者或者发起人进行及时且必要的沟通。倘若只是简单揣测领导的想法，根据领导提出的几条简单的纲领性要求就去做这件事情，那么读书会最终有效落地的可能性就会比较低。

在启动企业读书会之前，要先对三类人群进行深度访谈：第一类是企业读书会的推动者；第二类是负责企业读书会的部门领导；第三类是企业读书会目标群体的代表。

1. 推动者访谈

作为负责人，首先要对企业读书会的推动者或发起人进行一次时长在1小时左右的深度访谈，深刻理解领导的意图，并对创办企业读书会的几个关键要素一一确认。

（1）为什么要创办企业读书会

这是一个非常关键的问题，需要仔细询问每个推动者或发起人，搞清楚企业读书会的想法到底从何而来。领导推动企业成立读书会背后的原因是什么？领导希望通过企业读书会实现组织变革、价值观统一，还是解决问题、提升能力？领导希望提高组织绩效，实现阅读与工作绩效挂钩，还是仅仅关注员工的阅读兴趣？这几个不同目标的着力点，对未来企业读书会的发展会产生截然不同的影响。

（2）企业读书会的目标群体

企业读书会将针对哪个群体重点开展阅读推广活动？针对不同层级或不同群体，读书会的定位和目标会有很大的差别。例如，针对企业高层设计读书会，在实现企业管理层统一理念这个目标的同时，还需要关注个体的个性化需求。企业高层阅读对于整个企业文化的影响是不言而喻的。在高层当中率先推广阅读，对于推动全体员工阅读能够起到很好的表率作用。当然，它的前提是企业高层阅读推广取得一定的成功示范作用，不然就适得其反。在企业中层推广阅读更多的是推动中层学习先进的管理理念和管理方法，提高跨部门沟通协调的能力，更倾向于满足企业对中层管理者的需求。

目标群体不同，在设计阅读活动形式，获得相应的阅读资源支持等方面也会有差别，不可一概而论。即使都是企业中层，不同规模、不同行业以及平均年龄和学历差异明显的企业之间，在选择具体项目和运作模式上，也会呈现显著的差异，需要具体情况具体分析。

（3）企业读书会的目标

在确定企业读书会侧重的目标群体之后，要进一步向企业读书会的推动者或发起人询问其希望达成的目标，这决定了整个企业读书会的投入产出比。根据我过往协助企业创办读书会的经验，在很多情况下，企业读书会的推动者和发起人对这个问题并没有想清楚，企业高层推动创办读书会，多是源于个人的爱好和对阅读这件事情的美好期待。只有极少数的企业高管会清醒地认识到推动创办企业读书会的清晰目标，以及期望企业读书会创造的价值。这是访谈的关键问题，最终确定的目标需要用清晰、简洁的语言来描述。

弄清楚企业读书会的目标之后，才能划出相对清晰的图书阅读范围。

（4）企业读书会的定位

在访谈的过程中，确定企业读书会的清晰定位是整个访谈的重中之重。这将决定具体负责人在未来采用怎样的方式、调动哪些资源来实现企业读书会的目标。企业读书会的目标更多倾向于眼前的需求，而定位更多是与长远发展有关。定位跟目标的区别在这里要说清楚，不可混淆。

一个人读书不可能一蹴而就，一群人读书更不可能一步登天，在企业读书会的定位上一定要考虑长远发展。例如，两三年的目标，以及希望读书会最终为企业创造的价值是什么，这些需要在访谈过程中进行探讨和确定。

（5）企业读书会的组织管理

探讨企业读书会的组织管理，需要清晰地确定责任部门和执行团队由哪些人构成。例如，针对全体员工的读书会是否采用由一个部门主导并协调其他部门来参加的方式，跨部门组建管理团队，运营团队需要从哪些部门抽调人员。就像很多企业内部的企业大学是由专门的团队在运营，企业读书会在创办初期找到专职人员比较困难，但随着它的发展以及产生价值，慢慢地会有专业团队来负责运营。

（6）企业读书会的活动形式

在这一点上，需要了解推动者或发起人对于活动形式的预期。有的推动者对此已经有了自己的思考，或亲身体验过，这一点负责人需要了解清楚。如果明确了目标和定位，在执行方案上却未与推动者沟通，容易造成不必要的分歧。

很多时候，推动者希望的活动形式跟目前企业阅读活动的现状并不匹配，这个时候就需要多与推动者探讨切实可行的形式。

（7）企业读书会的预算

企业读书会的运营除了需要人力资源方面的支持，还需要财务预算的支持。把读书会构建得再完美，如果企业不打算投入资源，那么企业读书会也没有办法长久发展。当然，也有一种情况例外，就是企业内部喜欢阅读的人自发组织的兴趣小组，它会以内部小圈子的形式自然生长，像一个游离于企业之外的社会组织。

（8）企业读书会的阅读书目

企业读书会的阅读书目关系到企业读书会的最终落地方向。推动者希望目标群体阅读哪些类别的图书，甚至阅读哪一本书，以及希望阅读这本书之后有怎样的收获，这些问题需要明确。很多企业高管都会给员工或者部门推荐图书，之后就不了了之了。在有了企业读书会之后，这个目标可以通过阅读行为的管理来实现。

阅读书目是由企业读书会的目标来决定的，这也就可以解释为什么在确定企业读书会的目标时一定要用清晰简洁的语言来描述。企业读书会的目标越清晰，阅读书目的指向也就越明确，筛选图书也就越有章可循。

将以上问题搞清楚之后，负责人在落地执行时就可以有的放矢，而不会妄加揣测推动者的需求，做出跟推动者的想法并不一致的事情，或者在执行的过程中才发现有许多问题需要解决。例如，人员调配困难、财务捉襟见肘，令自己陷入尴尬的境地。有的负责人没有想清楚就贸然去组织阅读活动，看起来是按照推动者的意图做的，最后却骑虎难下。

当然，做了深度访谈也不意味着在运营企业读书会的过程中就不会出现问题。不过，在确定企业读书会的方向之后，在组织策划和运营过程中，就能提早避免目标偏离的情况。

2. 负责企业读书会的部门领导及重点对象的部门领导

（1）了解企业读书会的背景

在被安排负责企业读书会之后，第一时间需要访谈的就是自己部门的领导。虽然我将访谈推动者放在了第一模块，但从时间安排上讲，首先需要访谈的是自己的部门领导，因为很多企业读书会的负责人并非能够直接听到推动者的需求。

在对推动者进行深度访谈时，如果部门领导未陪同，更要及时向部门领导汇报访谈结果，同时针对一些具体情况与其进行第二次沟通。

（2）企业读书会的分工协作

企业读书会通常由一人负责，但被赋予清晰的目标后，就需要一个小团队来管理。负责人要向自己的部门领导清晰、明确地陈述企业读书会需要的人力资源，由部门领导协助安排。

（3）企业读书会的目标

在跟推动者探讨完之后，负责人还要跟自己的部门领导进一步深挖企业读书会的目标，将其细化成有时间节点、可落地、可监督、可量化的目标。

（4）企业读书会的项目合作

部门内部有哪些项目可以跟企业读书会结合？帮助本部门实现其他目标，也是企业读书会在初创时可以借力的点。不管推动者赋予企业读书会怎样的愿景和目标，在落地过程当中，它都不是一个孤立的项目，必须跟本部门和其他部门之间的项目很好地配合。

在部门外，对企业读书会目标群体的领导访谈也是一项非常重要的工作。

我遇到一家企业，读书会的负责人就是董事长的秘书，由他直接向董事长汇报。这个时候，他不需要向自己的部门领导汇报，而是被要求直接向读书会的推动者汇报。这个时候，他就可以去访谈目标群体的部门领导，一方面可以了解目标群体所在部门的阅读需求，另一方面有助于获得部门领导对这项工作的支持。阅读需要个体利用自己的时间去跟文字形成一些连接，它需要投入精力，占用的是每个个体最宝贵的时间资源。在工作压力比较大的部门做这件事相当困难，所以获得目标群体所在部门的支持，考虑如何满足对方的需求，在访谈时就显得非常重要。

直言不讳地说，相关负责部门的领导通常不希望企业读书会占用太多的时间。人们对于阅读产生的价值并没有足够的认识，而且当代人的阅读习惯的确不理想，每个部门又都有自己的工作任务，所以阅读往往不会被当作重要的事。因此，推动者和相应负责部门的领导之间的需求是存在一定落差的，负责人如何去协调这件事，对他也是一个考验。

（5）企业读书会的阅读书目

通过访谈，负责人要搞清目标群体部门的领导希望提高本部门员工的哪些能力，解决哪些问题，根据访谈结果配置相应的图书，设计相应的阅读活动，帮助员工阅读和消化这些图书，达到部门领导期待的目标。

（6）其他

根据每家企业的情况，还可以通过访谈了解一下阅读活动的频率、活动举办地点等具体问题。

3. 企业读书会目标群体的代表

对于企业读书会目标群体的代表，可以根据群体数量设定访谈人数，一般为群体数量的3% ~ 5%，这样就能够了解到一些人的想法。对于目标群体，还会通过问卷调研和大数据来了解他们的具体需求，所以访谈的数量设计得更少一些也没有问题。

对于目标群体来说，重点需要了解以下方面的问题。

（1）阅读现状

目前是否存在阅读习惯，每日、每周、每月阅读几本书，一般的阅读时间和时长。

（2）阅读需求

了解他们对哪些领域感兴趣；提出一些巧妙的问题，了解对方生活和工作里有哪些问题，以便于匹配相应的图书。

（3）关于阅读的问题

主要包含以下几方面：阅读的时间、阅读习惯的养成、阅读书目的选择、是否存在阅读方法的培训需求、如何做阅读笔记、如何撰写阅读心得，以及如何分享一本书等。

（4）企业读书会的活动形式

了解企业读书会的组织形式、线上线下的形式，以及平时的阅读量、阅读速度、阅读类型等。

（5）对企业读书会的期待

读书会是展示风采的平台、内部社交的平台、兴趣分享的平台……要了解目标群体代表的想法，以及他们对读书会的认知和期待。这是将成立读书会的信号传入目标群体的非正式途径，负责人给出一些积极的暗示、专业的回应才能让目标群体有所期待，这是企业读书会内部营销的开始。重点补充一下，即培训跟阅读之间的差异，各种阅读需求尽量覆盖，并且不能从企业单方面的需求出发。针对培训，企业有专门的培训经费，在国内经过近二十年的发展，培训行业已经形成相对比较标准、专业供给比较充足的供应链；读书会近几年刚刚兴起，而专注于企业读书会这一细分领域的专业服务机构少之又少。

培训更多关注企业的需求，所以培训课程的设计和开发往往从提高员工能力这个方向出发，不会考虑员工个体的需求，更不用说个性化需求了。而且，在培训当中，多是老师讲，学员听，对于员工的参与度并没有过高的要求。哪怕是一些互动性很强的培训课程，老师授课也会占用很大一部分时间。因此，参与度并不是培训课程的主体要求。而对于阅读来说，需要每个个体切实投入时间，要求每个个体参加，这是它与培训之间最大的差异。

这一点可以体现在对阅读书目的选择上，一方面要关注企业的需求，建议设置少量的必读书目，另一方面更要关注员工个体的阅读需求，不管是工作上还是生活上的需求，甚至休闲需求。在企业读书会的起始阶段，在帮助目标群体找回阅读习惯的过程中，这一点非常值得重视。

企业读书会的调研方法

从管理咨询的角度来看，企业读书会的整体项目策划就是企业内部培训学习或企业文化的咨询项目。为提高整个项目的价值和落地执行的可行性，确保项目成功交付并最终实现自主运营，每个环节都需要精心设计和打磨。

那么，如何来开展项目前期的调研工作呢？到底使用哪些调研方法呢？我们从企业咨询的视角来简要说明。

1. 准备工作

千里之行，始于足下，做好企业读书会的调研工作，首先要做好充分的调研准备。

（1）基本知识

了解调研企业所在行业的现状、该企业在行业中的排名、该行业的基本常识。

（2）调研目标

① 了解企业的基本情况。

包括经营规模、主营业务、核心产品和主要市场等。

② 了解企业的人员情况。

包括员工数量、平均年龄、学历情况、性别比例等，以及未来开展企业读书会的目标群体的人数、平均年龄、学历情况、性别比例等。

这些信息可以在调研之前由负责人提供书面信息，以提高调研效率，挖掘更深层次的问题。

（3）调研安排

在实地调研之前，制订调研计划表，其中主要包括调研对象、形式、时间、地点等，方便企业安排相关人员配合。

（4）调研文件准备

① 访谈提纲。

在实地访谈的过程中，根据企业对于读书会的定位制作提纲，以提高访谈的效率和质量。

② 研讨方案。

设计研讨的目标、主要议题和讨论的核心问题，在有限的时间内将企业读书会的核心目标、方法、形式和可能存在的障碍了解清楚，以便有针对性地制定执行方案。

③ 问卷调查。

基础问卷调查可以抽样进行，无须全覆盖，主要是针对目标群体进行，一方面是对企业读书会的举办时间、形式、频率、载体、阅读量和阅读问题进行调研，另一方面也是在做软性宣传。

在调研的过程中，对被调研者给予足够的尊重和理解，即使对方对企业读书会表示质疑和排斥（了解质疑和排斥背后的真实原因），这样才能更好地设计出适合本企业的企业读书会。

2. 实施调研

（1）访谈

① 访谈对象。

在项目实施中，通常会对三类人进行访谈：一是企业读书会的推动者；二是执行部门的领导及目标群体所在部门的领导；三是目标群体的代表。在访谈时，以一对一或一对二为主，一对二是一位被访谈对象和两位访谈者。

② 访谈流程。

第一，自我介绍，并说明访谈的目的，以及为什么邀请对方做访谈对象、主要访谈哪些内容、预计的访谈时间。

第二，对核心问题进行深入访谈，了解被访谈者潜在的真实需求、问题和困难。让被访谈者多说，尽量不要打断对方，同时也要做好访谈记录。

③ 访谈原则。

将目标聚焦，并以正向沟通和挖掘信息为主。尽量聚焦核心问题，不偏离主线，不盲目扩散，以免引发企业读书会无法解决的问题。

（2）座谈

① 座谈对象。

在企业读书会的目标群体代表人数众多时，可以采取座谈的形式。

② 座谈流程。

跟访谈类似，进行自我介绍，说明座谈的目的，以及为什么邀请对方，主要谈的问题、流程和顺序，以及座谈的大概时间。

座谈目的清晰，提问有针对性，层层展开，并由主持人合理把控进度、氛围和时间。在这个过程中，适度讲述阅读的价值，以及通过阅读解决问题的方法。

③ 座谈要点。

一方面，预想项目实施的过程，询问可能存在的问题，对常见问题的解决方案进行探讨，出现分歧时寻找利益共同点，以保障座谈的顺利进行。

另一方面，我不建议在会上谈尖锐的问题，否则需要关键决策人同意，以免座谈陷入尴尬的境地，甚至造成项目落地困难。

（3）问卷调查

设计相关问题的在线问卷，方便回收信息和对数据进行整理。

3. 需求测试

企业读书会需求的测试工具可以用来确定企业读书会的阅读方向和个体阅读需求，确定组织的需求主要来源于访谈，确定个体的需求主要来源于测试。但是，目前市场上并没有现成的测试工具可以使用，这也是最近几年我一直在研究和关注的。

个体的阅读需求主要有以下三大方面。

（1）解决问题

洞察员工的需求，建立好书与工作、生活里遇到的问题的连接。

每个人在生活和工作里都会有各种各样的问题需要解决，我们习惯请教专家、朋友、领导或者同事，或者上网搜索，来解决这些问题。在策划读书会的时候，我们需要有意识地将问题与阅读进行连接，通过精心设计的问卷或者访谈，把员工普遍的问题或者某几个重点方向的问题，如团队沟通、时间管理、目标管理、短视频制作等收集起来，然后针对这些问题开出"阅读处方"。太阳底下没有新鲜事，我们遇到的问题中的99%已经有人通过写书、用系统分享经验的形式解决了，我们只要去读相关的书，就可以解决这些问题。

谁都不是天生就会主动阅读的，当遇到问题需要解决的时候，人们就会想起阅读，希望在书中找到答案。例如，当两性关系出现问题的时候，我们会去读《男人来自火星，女人来自金星》，洞察性别带给我们的误解；当亲子关系遇到麻烦的时候，我们会去读《正面管教》《非暴力沟通（亲子篇）》，甚至去读一些心理学和脑科学方面的书，如《儿童心理学》《孩子的大脑》等。

（2）兴趣爱好

有的员工喜欢历史、人文，有的员工喜欢玄幻、言情，每个人都有自己的阅读喜好。在企业内部推广阅读的时候，要特别注意每个人的品位不同。负责人可以根据作者、图书分类等来设计需求测试题库。

（3）能力发展

还有一部分员工的阅读需求集中在能力发展上面。例如，晋升到新的岗位后，如何进行团队管理；从大客户经理到销售部门主管，如何尽快从销售角色向管理角色转变。这一块测试可以与企业的人才发展需求、培训需求相结合，参考能力模型进行测试。

归纳总结，阅读需求一般来自解决问题、兴趣爱好和能力发展三个模块，我称之为"阅读动力三角形"，这是阅读需求的三大主要驱动力。

在目前的市场上，我并没有见到体系完备的阅读需求测试系统，这也是我近几年关注和研究的重点。我希望把线下的阅读需求测试系统搬到线上，通过大数据分析，将阅读需求与个性化书单相结合，创建基于个人成长和企业发展需求的图书推荐系统。

配合阅读需求调研，测试主要分为以下三种类型。

① 能力测试。

现在市场上已经有很多关于能力素质模型的问卷，也有一些机构正在做。这些机构做得比较成熟，可以在三级能力模型的基础上前进，匹配书单，并创建企业书单系统。

这个方面需要能力模型的支持，也需要大数据系统的支持，所以是一个相对复杂的板块。因此，市场上目前没有完整的、成熟的书单匹配测试工具。

能力测试更倾向于企业对员工的要求，更多的是以企业希望员工提高的能力为方向，从而制定少而精的必读书单。

② 问题测试。

问题测试同样需要花费大量的时间，因为很多人对于自己在工作和生活中存在的问题视而不见，已经习惯了。

例如，一个人有沟通的问题，他就认为自己的性格就是这样。其实，只要学习一下沟通技巧，他的人际关系就会变得融洽很多。如果他一直认为那是性格使然，就不会主动去改变。一个人的两性关系不好，但他认为还可以将就下去，就不会使这个问题有所改善。

我们会根据大家的常见问题设计相应的问卷，由大家自主填写，生成个性化书单。我们给大家多提供几面镜子，让大家通过阅读自我成长，不只向大家推荐跟工作相关的图书，也会推荐很多与生活相关的图书。

③ 兴趣测试。

找回阅读习惯，最重要的就是从兴趣出发。在阅读这件事情上，我们要尊重每个人的兴趣和爱好。在这项测试当中，我们会设计很多跟书、作者和图书分类相关的问题，提供一个比较广的兴趣书单，供每个人去选择。

主要的测试工具是由上述三部分组成的。如果是由企业文化部门主导的阅读测试，还会加一些关于企业文化的调研；如果是由培训部门主导的阅读测试，则会加一些问题，配合培训方面的需求。在收集员工需求时，测试工具是最有价值的工具。

将阅读访谈与阅读调研相结合，可以双向了解企业和员工对企业读书会的期待和需求，在后期实施过程中，可以根据这些需求策划和开展相应的活动。在落地的过程中，如果不将访谈和调研结果相结合，而是偏重企业需求，企业读书会就会变成培训，员工参与度不高，流于形式；如果只关注员工的需求，企业读书会就会变成轻松的休闲活动，从而失去了其本身应有的价值和意义。比较合理的做法就是，关注企业和员工双方的需求，短期侧重员工需求，培养员工的阅读兴趣和习惯，长期回归企业需求，为企业发展培养有学习力和成长力的员工。

对企业读书会的需求分析

在调研、访谈和测试之后，有一项重要的工作就是提交调研分析报告，这对于后期读书会的落地具有重要的指导意义。

1. 分析报告需要重点关注的几个方面

（1）定位

我在前面反复提到，在调研的时候需要明确企业读书会的定位，并在报告里作为重点内容来撰写。

（2）目标

对不同访谈对象陈述的短期、中期和长期目标，需要在调研报告里进行梳理，并进行优先级排序，从而使不同群体的目标有机地结合在一起。

（3）活动形式

选择适合目标对象的形式开展活动，短期重点关注员工阅读习惯的养成，中期关注阅读能力的提升，长期关注企业目标的实现。

（4）书单生成

企业读书会的核心是阅读，是目标群体通过阅读进行自我改变与提升。阅读书单从阅读测试中产生，对测试问卷的设计和对结果的梳理也是非常关键的内容。

（5）运营管理

采用什么样的管理模式，以及如何达到运营目标，负责人在调研后要提出合理化建议。适合本企业的读书会运作模式将能有效促进目标的实现。

（6）宣传推广

企业内部的文化氛围决定了企业读书会的内部宣传推广模式，发公文推广还是圈粉式推广，完全取决于企业的文化氛围。

（7）激励机制

如何调动目标群体的阅读积极性？在调研中，负责人需要通过对不同群体的访谈和调研反复求证，了解企业内驱力和外驱力的协作模式。这一点有利于保障企业读书会目标群体的活跃度。

以上都是需要在调研中重点关注的内容。在就调研结果和建议方案与企业达成一致之后，才能进一步制定行之有效的执行方案。

2. 分析报告的核心问题

当然，不管我们设计的是面对面访谈、问卷填写还是能力测试、问题测试和兴趣测试，都指向了几个核心的问题：

- 企业对读书会的期待是什么？
- 员工对读书会的期待是什么？
- 企业期望员工读什么书？
- 员工自己愿意读什么书？
- 企业希望员工如何参加读书会？
- 员工希望自己如何参加读书会？

…………

诸如此类看似对立又统一的问题，揭示出在读书这件事情上，我们需要调和企业和员工的不同需求，而这是运营好企业读书会的关键。在企业内部推行的任何项目，从企业的根本需求出发都没有错，但在阅读项目上，没有员工积极参加恐怕很难推动，不能维持太久。

关于企业读书会的需求调研和分析，需要有基本的立场：员工的阅读需求适宜作为重要的短期目标，充分满足；在此基础上，企业的需求目标才能得以实现，企业整体的阅读需求适合作为中长期目标来考虑。

当然，有些企业用考试来检验读书的成效。员工读完一本书后，需要完成一张考卷，写出书中的一些关键内容。对于以应试见长的企业员工来说，这也不失为一种方式，毕竟多数人都有10年以上的考试经验。只是过不了多久，员工就会叫苦不迭。一旦领导不盯，这事就会被放弃，毕竟盈利是企业的第一目标。

对于企业读书会的实施，各家企业现在也是百花齐放，但调研系统需求之后再系统开展的并不多。随着企业读书活动的广泛开展和逐渐普及，系统性的需求分析和方案策划将会是大势所趋。在了解针对企业读书会的需求之后，下文讲述根据需求对企业读书会做出定位。

3.2

📖 企业读书会的定位

系统认识企业读书会

提到企业读书会，你会想到什么？

你会想到公司内部的图书馆吗？如果你所在的公司规模比较大，可能会有一个很大、很漂亮的图书馆，里面的藏书少则几千册，多则上万册，甚至更多。问几个比较敏感的问题：你们公司的图书馆是谁在运营，有没有专门的运营团队或者专人负责？真正去借书的人多不多？你经常去那里借书吗？那里的图书会定期更新吗？

很多的政府部门、国有大中型企事业单位都有职工书屋。职工书屋里面也会放一些书作为员工福利。有的单位干脆将职工书屋跟职工之家合并在一起，但有些职工书屋的图书使用率似乎并不太高。

提到企业读书会，你还会想到什么？

你或许会想到公司内部人力资源部门组织的阅读兴趣小组，或者工会组织的读书俱乐部，有几名同事会不定期地聚在一起聊聊书，像企业内部的社交圈子。有的读书小组还会建一个在线群，大家在里面聊书，分享各自的心得。刚开始建群的时候，大家很兴奋，可没过多久这些群就悄无声息了。尤其是从上往下推动建立的读书群，刚开始领导重视，可在领导不关注之后，线上活动就会变得冷冷清清，线下活动也没有什么人气。组织活动的人感到特别累，可又不知道该怎么办，很苦恼。

除此之外，你还能想到一些跟企业读书会相关的其他活动形式吗？例如世界读书日，会有一些企业组织与阅读相关的活动，线上阅读打卡、线下图书漂流、图书捐赠、读书沙龙、读书心得征文或者读书摄影大赛……这些都是企业读书会的组织形式。

那么，还有别的吗？

将以上讲的这些组合在一起是不是就是企业读书会？

上面讲的只是企业读书会的各种呈现形式，如果对企业读书会的理解只停留在这些具体点上，既不能发挥企业读书会的价值，也不能应用好相关的硬件，更没办法真正长期做好阅读活动。我们需要认真思考什么是企业读书会。

企业读书会是企业内部为了打造学习型组织，营造企业内部的阅读文化氛围，提高企业凝聚力和战斗力，满足员工的阅读爱好和精神文化需求，提高员工的幸福指数，为员工长期赋能，以促进全员阅读能力提升为核心目标而系统策划组织的长期品牌项目。

最终，企业读书会将与企业文化有机融合，成为企业员工自主成长的学习平台。

企业读书会的定位

1. 打造学习型组织的落地形式

1965年，美国麻省理工学院佛瑞斯特教授发表了一篇论文，名为

《企业的新设计》，其中非常具体地描绘了企业组织的理想形态——层次扁平化、组织信息化、结构开放化，企业与员工的关系由从属关系转为工作伙伴关系。双方不断学习，不断重新调整关系结构，这便是关于学习型组织的最初构想。

1990年，彼得·圣吉完成了他的代表作《第五项修炼——学习型组织的艺术与实务》，其中提出了建立学习型组织的关键是五项修炼或技能：第一是自我超越；第二是改善心智模式；第三是建立共同愿望；第四是团体学习；第五是系统思考。这本书使彼得·圣吉被奉为学习型组织理论的奠基人。作为打造学习型组织的一种形式，企业读书会具有组织灵活、形式多样、创意丰富、覆盖面广、方便落地等特点，能满足企业多层次、多角度、多维度的学习需求。

2. 打造企业内部文化氛围，成为企业内部具有特色创意的文化项目

企业内部文化氛围的营造不是一朝一夕之功，负责的部门需要统筹规划，也需要每个员工积极配合。企业内部各种文化活动、文化展示、文化墙都是有形的文化展示，而企业读书会是偏向无形的、向上生长的内驱力项目，可以发动全体员工积极地学习新知识，在企业发展的过程中不断地实现知识迭代、能力进化。这是企业软实力的象征，也是企业综合竞争力的一种体现。

3. 通过阅读为员工赋能，提高全体员工主动学习的能力和积极性，成为培训项目的有效补充

传统的培训项目是相对被动的学习方式。在培训过程中，员工感觉

受益匪浅，但这种短期的强烈刺激在后期的效果并不明显。由于遗忘和人们的行为惯性，在后续的工作中真正学以致用时很困难。培训很难建立相应的监督机制，所以全球企业普遍为培训的实质效果而苦恼。

社会在日新月异地发展，整个发展环境存在很大的不确定性，依靠固有的经验式培训已经不能满足企业解决新问题的需求，这也对员工的学习力提出了更高的要求。帮助员工培养阅读习惯，提高自主学习的能力，是可以通过打造企业读书会来实现的。如果有一批爱阅读的员工能够带动全体员工保持积极学习的阳光心态，那么企业在充满不确定性的环境中会具有更强的发现市场需求、解决新问题和应对风险的能力。

4. 满足员工日益增长的精神文化需要，是提高员工幸福指数的福利活动

很多企业把员工的幸福指数作为工会工作的重要目标之一，幸福包含身体健康和精神满足。随着经济的发展，人们的物质生活得到了切实的提高，但很多人日益出现了焦虑、抑郁等精神问题。企业工会组织的体育类型的活动相当丰富，文化类型的活动也很多，如摄影、书法、绘画等，但这些活动的门槛都比较高。受专业水平限制，依托这类活动，最终只会在企业内部形成兴趣小圈子，覆盖面较小。如何策划和组织精神健康类型的活动，并且具有广泛的覆盖面和员工参与度，是许多工会工作者面临的实际问题。于是，读书会成为许多工会策划员工活动的抓手，逐步涌现出了形式各样的经典案例。

5. 满足员工阅读兴趣，丰富员工业余生活

青年员工是企业发展的骨干力量。如何调动青年员工的积极性？创

办企业读书会，培养青年员工的阅读兴趣，满足他们的阅读需求与成长需求，提高阅读活动的参与度，是每家企业管理青年员工、培养和挖掘优秀青年员工的形式之一。

6. 通过阅读服务策划，成为连接客户的特色服务品牌

如何更好地服务客户，连接客户，跟客户形成更加紧密的合作关系，是每家企业在营销方面思考的关键点。在当前的发展环境下，通过阅读形式服务客户，满足客户的精神文化需要，逐渐成为与时俱进的营销模式。而"与客户共同成长"的理念，也促使许多企业选择阅读作为服务的着力点。一些大型企业，如大中型银行，给高端客户赠送图书或者让客户用积分兑换图书，发起在线上共读活动，形成客户连接，请作者分享书中精华，线上线下相结合，由此打造独具特色的阅读服务品牌。

对于读书会，企业内部不同的部门会有不同的理解。

人力资源部门把企业读书会当成人才培养项目，以其提高员工的学习能力。

工会把企业读书会当成关怀员工的方式，以其提高员工的幸福指数。

党建部门把企业读书会当成思想引领的阵地，以其提高员工的思想觉悟。

企业文化部门把企业读书会当成企业文化的载体，以其提高员工的组织认同度。

团委把企业读书会当成员工活动的平台，以其满足员工的阅读需求。

业务部门把企业读书会当成连接客户的方式，以其打造服务客户的特色服务品牌。

每个牵头的部门都对企业读书会有独特的认识和定位。从企业的角度来讲，企业读书会更适合用来打造企业内部自主学习的新生态。

[案例]　企业管理层阅读打卡

某电子商务公司专注于服饰行业跨境电商业务，致力于将企业打造成全球领先的快时尚服装跨境电商零售集团。该公司以品牌服装和设计师作品为主，在强调时尚和个性的同时，也迎合文化细分的需求，举行多元素、多风格的品牌季节营销活动。

该公司有员工250人左右，其中管理人员20人，只有管理人员参加阅读打卡活动。管理层平均年龄41岁，学历都在本科以上，男性居多。管理层组建微信群，进行运动打卡和阅读打卡活动。大家每月读一本书，有人在群里推荐图书，培训经理统一采购发给大家，培训专员负责跟进读书进度。他们读的书有《学会提问》《奈飞文化手册》《瞬变》《高效能人士的七个习惯》等。

他们采用每周打卡的形式，每人读到相应章节后分享100～200字的读书心得，每本书基本上会分享8次。刚开始的时候，老板和各位管理人员都积极参加，后来每周报名的有八九人，其中有两三人不打卡。每周押金1000元，员工报名后不打卡就被扣掉，下月报名继续交押金1000元。再后来，大家对阅读打卡的热情逐渐消退，阅读打卡也逐步流于形式，失去了吸引力。

普通员工阅读打卡活动则从来没有开展过。

案例分析

这家企业的读书会的问题比较普遍，很多企业读书会建立就是因为老板或者某位高管的一个建议，觉得这事很简单。

对于企业读书会的定位，他们根本没考虑过。在疫情期间，很多企业管理者或者员工居家办公，有些企业就开始推行阅读打卡活动。随着时间推移，大家失去了参加活动的积极性，负责人就开始变着花样想办法提高大家的积极性，但收效甚微。定位不清晰的问题长期困扰着企业读书会的发展。

第一，根据需求明确定位。当企业想成立读书会的时候，负责人就需要跟发起人探讨它的定位。例如，上面这家企业，可以选择的读书会的定位如下：

- 管理层的业余活动，由管理层自发组织和运营，丰富大家的业余生活。

- 帮助管理层养成阅读习惯、建立阅读型管理文化，统一管理层的沟通语言。

- 帮助管理层学习新的管理理念和管理方法，把握经济发展的新趋势。

总之，定位不同，组织方法和策略就不同，企业读书会的投入产出比亦不相同。随便"玩一玩"，会有一时的新鲜感，但也让人们觉得企业读书会没有太大的价值。

第二，根据定位确定目标。目标清晰，读书会组织起来才能有的放矢。将目标一一描述清楚，根据最想达到的目标来设计路径。

第三，根据目标确定形式。目标清晰就可以考虑组织怎样的活动，短期形式和长期形式如何结合。例如，上述案例中的企业，如果把培养高层的阅读习惯当成目标，就可以选择阅读打卡活动。

第四，如果形式不利于实现目标，就进行调整。例如，大家对阅读打卡活动不积极，其与企业读书会的定位和目标有差距，就要采用新方法提高大家的积极性。

第五，做出预算。经过调研，我发现很多企业读书会处于自然生长的状态，完全靠个人兴趣支撑，企业没有提供支持，最后发展成阅读小圈子。负责人要考虑运营预算，没有经费支撑，完全靠自我约束，对于没有阅读文化氛围的企业来说，企业读书会很难有好的发展。

通过以上案例可以看出，在创办企业读书会的初期，人们容易忽略其定位，而定位又决定了企业读书会的发展方向。所以，创办企业读书会的时候，需要充分重视定位问题。

对企业读书会有了清晰定位，我们就可以根据需求和定位来制定相应的书单了。书单是企业读书会落地的重要工具，进一步展现了企业读书会倡导的价值观和运营目标。

3.3

📖 **阅读书单：如何制作有价值的书单**

　　企业做读书会，书单基本都是必备的。很多企业的普遍做法，是领导推荐几本书，看一看各大畅销榜，然后书单就出来了。这样的书单有没有内在逻辑，参考价值到底有多大，很难评价。这是因为，做书单本身就很耗时间，如果不是负责人主要的工作内容，他根本就没办法静下心来研究制作书单。

　　在海量图书里选书，做好书单，并不简单，尤其面对多样化的群体，需要进行主题策划，精心筛选图书，对图书有辨别力和鉴赏力。即使对我来说，做好一张书单也并不轻松。

企业读书会的书单到底怎么做？

1. 书单分类

（1）需求书单

根据上文讲的对阅读需求的调研结果来做，这是一个非常好的抓手。我建议每家企业都对阅读需求进行系统收集，然后根据需求制定书单，这样不至于无从下手。

（2）经典书单

让大家多读一些经典图书，选择至少5年前出版的，或者出版时间更久的。经过时间考验的书一定有它存在的道理。

（3）新书书单

现在，各行各业都有一些专业人士将自己的经验总结，出版成书，包括新经济、新趋势、新热点等。选择新书，不断关注新事物，以此满足大家的好奇心。

（4）专题书单

针对企业重点开展的工作，如战略落地、组织变革、业绩提升等，制作专题书单，或者针对员工的痛点制作专题书单，帮助员工运用从书中学到的方法和工具，解决生活和工作里的问题。

除以上书单之外，还可以制作其他书单。

（5）领导荐书

如果领导特别喜欢看书的话，请领导荐书就很有意义。例如，请领导每个月或者每个季度推荐图书。很多企业现在这么做，以此传递企业文化，改变员工认知。

（6）员工荐书

请员工荐书，写明推荐理由，用书作为员工之间的连接纽带，增加彼此的认可度。这也是员工的一个展示平台。

2. 图书选择

国内目前大约有600家出版社，每家出版社都有自己的特色和擅长的领域，例如中信出版集团、电子工业出版社出版的经管类图书相对多一些；中华书局、广西师范大学出版社、人民文学出版社、上海古籍出版社以文史、古籍类图书见长；湖南文艺出版社、长江文艺出版社以文艺类图书为主。当然，这个推荐也是相对的。现在只要是大一点的出版社，综合性都比较强，所以擅长的领域也有一定的相对性。历史悠久的大出版社有文化传承，从其出版作品的整体风格就能看出来。

对于同一领域的图书，尽量选最早出现的作品，少选跟风出版的作品，因为内容同质化程度比较高，后来者基本都是沿着"开山鼻祖"的理论延伸。当然，能够二次创新的肯定有，我在这里只是提供一个选择的视角而已。寻根溯源的图书能够帮助读者了解某个领域的历史，作者肯定付出了很多心血，正因如此，该书具有相应的价值。完成寻根溯源的工作，更容易消化书中的知识，进行理论实践和创新。

3. 书单呈现

关于书单的展现形式，你所在企业的书单是不是这样做的？罗列图书封面、基本信息（包括书名、作者、出版社、定价信息）、作者简介和推荐理由，然后排版，通过公众号、邮件或者用海报的形式发布一下。

坦白说，图书的推荐理由往往比较单一，例如名人推荐，这对提高图书的销量有帮助，但并没有从读者的角度来说明图书的价值。我建议在做书单、写推荐理由的时候，重点阐述图书的价值和吸引读者的地方。

在具体呈现书单时，摘取图书的关键内容，同时提供相应图书的阅读方法，这对大家选择图书是有帮助的。如果后期能与书摘比赛、阅读心得征稿联系在一起，书单就不会显得孤立了。在做书单这件事情上，书单的读者是能感觉到选书人的用心的。

从我个人的角度来说，书单到底怎么做呢？

我之前做过很多线下阅读需求测试和线上阅读需求调研，但一直达不到自己希望的系统度和精细度。我一直想做一个线上图书推荐系统，改变图书商城的逻辑，从个体的阅读需求出发（尤其针对问题需求），进行个性化推荐；每个人做完阅读测试就可以生成一个个性化书单，包含企业必读书目和个体需求书目，平均每月一本书。

在缺乏系统支持的情况下，企业可以规定员工必读书，每季度一本必读书、两本自选书，推广"每月一书"。

为什么我说每月一本书呢？普通人每分钟阅读400～500字，每天阅读10分钟，每月阅读28天，这样差不多每月能读十几万字。一本普通图书的字数也就是十几万，一个人用一个月可以轻松读完一本书；这样坚持下来，一年就可以轻松读完12本书。

在初期，阅读书单需要人工完成；如果企业有阅读系统，可以通过平台或者企业之间的共享数据库完成。企业可以利用大数据和算法建立一个实时变化的阅读数据库，通过阅读打卡工具随时获取阅读数据和效果，再加上阅读能力培训，就可以系统地为企业读书会提供完善的支持。

我希望和企业一起实现书单的个性化和需求的数据化。作为企业读书会的先行者，我发现有很多实际的问题需要去解决。企业读书会和组织阅读是一个新的学习生态，产业链上下游都需要不断地发现问题、解决问题，进而实现共同发展。

在系统分析企业读书会的需求，并根据需求对企业读书会定位之后，再来制定阅读书单，就会让企业读书会更有价值。向目标群体定期或者不定期发布书单，有实力的机构还可以购买电子书或者纸质书，将其发放给目标群体。接下来，就可以策划各种线上线下的阅读活动了。下文将分线上和线下两种形式来讲述多种阅读活动组织实施的方案。

〔第四章〕

····················· § ·····················

线上阅读活动策划

很多企业有分公司或者网点，

员工比较分散，

所以将员工聚在一起组织线下读书会比较困难，

而线上阅读活动是比较灵活便捷的方式。

在线上组织阅读活动有几个优势：不用专门安排场地将人员聚集在一起，节省交通和时间成本；形式灵活，可以策划一些参与度广，不受限于场地的活动；可以借助线上聚集的人气培养员工的阅读习惯。受新冠肺炎疫情的影响，人们慢慢习惯了线上办公、线上开会和线上培训，线上阅读活动也顺势成为被广为接受的方式。

　　本章从易到难，为大家分享了五种常用的线上阅读活动方式。阅读打卡比较常见，主要帮助员工养成阅读习惯，书摘活动门槛低，主要用来聚集人气，朗读活动可以用来发现阅读好声音，征文活动可以用来发掘善于输出的爱读人才，阅读短视频则契合年轻人的喜好，给他们表现的机会。企业也可以结合自身的实际情况，创造出新的活动模式和花样。

4.1

📖 打卡：如何轻松地玩转阅读打卡

前面讲述阅读习惯的时候，提到了阅读打卡，而线上打卡现在是各家知识付费平台和培训机构在线上运营的重点。线上打卡好处很多：可以增加用户与产品的交互，提高用户的活跃度；增强用户的体验，增加用户的黏性；提高用户的认同度，提高产品的复购率……线上打卡成为许多企业与客户互动的一种方式，常见的就是各大平台的签到积分活动。

线上阅读打卡也是各家阅读平台重点推广的一项服务。当目标客户进入阅读平台的私域流量池时，如何维持日常活跃度就成为平台冥思苦想的事情。阅读打卡和各种激励政策不失为长期留住目标用户的好方法。那么，阅读打卡如何才能产生价值？阅读打卡采用什么形式比较合适？我们接下来就聊一聊以养成阅读习惯为目的的企业阅读打卡如何设计和运作。

"每天阅读10分钟"是我提出来的阅读习惯养成的理念。这并不是我随便提出来的一个概念，是我在阅读了大量脑科学的相关著作之后，根据自控力形成的神经学原理设计出来的。

为什么是"10分钟"？

美国心理学家凯利·麦格尼格尔在她的著作《自控力》中提到了一个很重要的观点：人的自控力跟"心率变异度"有很大的关系。一个人改变自己的自控力，在本质上就是改变自己的心率变异度，这是自控力的一个重要生理指标。

改变心率变异度的方法有哪些呢？冥想、深呼吸、阅读、运动是几个比较常见的方法，这些方法可以在一定程度上改变人的心率变异度。对于阅读来说，坚持10分钟就可以起到静心的效果。如果长期坚持，阅读就可以改变心率变异度。当心率变异度发生变化之后，你会惊奇地发现自己有更大的意志力去做自己喜欢的事情了。当然，10分钟是最短的时间，长期坚持，效果更明显。

根据我对个体阅读行为的观察，每天阅读10分钟，压力并不大。完全没有阅读习惯的人也可以轻松挤出10分钟时间来阅读，这是一个轻易就能完成的事情。例如，利用上下班在地铁上、中午休息的时间就可以用阅读来缓解自己的工作压力，通过阅读让自己的内心平静。简单易行可实现，培养一个微习惯，是我们提出"每天阅读10分钟"的第二个依据。

根据对图书出版行业的观察，我发现现在的图书一般是200 ~ 300页，经过一段时间"每天阅读10分钟"的训练，一个人就可以把阅读速度提高，做到一个月轻松读完一本书。这就使"每月一书"成为可能。对普通人来说，每月阅读一本书，也会有收获感和满足感。所以，在设计阅读活动时，每个步骤都应该用心设计，以便为后续步骤提供支持。

如何运作"每天阅读 10 分钟"活动？

1. 工具支持

我前两年带领团队开发了一个阅读打卡和阅读活动发布的小程序，基本功能齐备，现在还在用，可以记录每个人每天的阅读时间，通过录入文字生成阅读日签，将网址链接或图片分享到微信群和朋友圈。我希望随着版本的升级，这个小程序能帮用户积累阅读时间、阅读字数等数据，并进行阅读排名、阅读需求测试、阅读行为分析，实现更多的功能。当然，我也看到有些企业正在使用一些专门的打卡工具。企业可以选择成熟的打卡工具，也可以在自己已有的平台上开发相应的功能。

2. 社群运营

企业读书会需要建立一个内部微信群来汇聚人气，让大家互相督促、互相激励。在"每天阅读 10 分钟"的阅读打卡活动中，可以安排群助理每天早晚定时提醒大家开始阅读活动，我建议将时间设置在早上8 点、中午 12 点和晚上 9 点。每家企业可以根据自己的情况设计，可以用文字、图片或者其他更有趣的形式提醒大家。

阅读打卡活动以 28 天为一期，一期一期进行，期间可以设置总结休整时间，但不要超过三天，以防止活跃度下降后难以恢复。在阅读打卡的过程中，可以邀请一些员工分享阅读内容。预算充足的企业，可以提供一些付费的音频或视频直播节目，增加活动的价值度和员工的收获感。

每家企业在运营线上读书会时，需要对阅读社群的运营有一些了解。例如，设计阅读提醒功能，找出活跃的阅读打卡者，以及 3 ~ 5 位相对活跃的互动粉丝，以使阅读打卡群保持活跃。有些企业的阅读群建立没多久就沉默了。所以，保持活跃度是阅读打卡首先要思考的问题，需要做好充分的策划和分工。

3. 激励机制

人类的天性就是渴望奖励。在阅读打卡中巧妙地设计激励机制，将会有助于参加者养成阅读习惯。在设计阅读激励机制的时候，我建议将短期激励和中长期激励并行，每天最早打卡的人、最晚打卡的人、分享阅读成果的人都可以奖励。我一般把他们称为"早读之星""晚读之星""分享之星"，将每天坚持打卡的称为"打卡之星"。每周公布"打卡之星"，形成周榜和月榜，以各种荣誉、奖励来激励大家坚持打卡。

每期28天，每月评选积极阅读的员工，可以给他们颁发荣誉证书、增加员工积分，甚至提供实物或者奖金。这样一来，员工的阅读习惯就会逐步加强并变得稳固，从而慢慢形成真正的习惯。我看过很多关于习惯养成的书，对于习惯养成的时间，有很多种说法。对于阅读来说，我认同3～6个月的时间周期，尤其提倡用5～6个月的时间来固化阅读习惯，使其陪伴我们，成为我们受益一生的习惯。

4. 阶段重点

阅读打卡分为几个阶段：为调动大家的积极性，我建议最初使用无主题打卡方式，即不限书目，每个人可以选择自己喜欢的图书，每天打卡，提高活动的参与度。很多企业的情况是，领导推荐某书，让大家阅读打卡，但这反而会使大家对阅读产生抵触情绪，也会降低参与度。从希望企业读书会长期运营并真正创造价值的角度来说，我不太建议刚开始就启用这种模式。当然，如果是销售部门，执行力强，掌控力强，使用这样的模式也可以短期见效。

在打卡的中期，可以设定主题目标，如执行力、沟通等主题。大家可以在主题范围内选择自己喜欢的图书。

在阅读打卡的第三个阶段，可以直接针对某本书打卡，打卡完成后就可以做线下阅读分享会或者线上阅读分享会，让大家分享自己的阅读心得。经过5~6个月的阅读打卡活动，参加者的阅读习惯就逐渐养成了，阅读习惯也变得相对稳定。

即使只是简单的"每天阅读10分钟"的阅读打卡活动，也没有完全通用的模式，企业要根据情况选择适合自己的模式。我提供以上建议，希望大家根据企业的需求，将其进一步内化为可实际操作的模式。

4.2

📖 **书摘：如何设计广受欢迎的**
入门级阅读活动

在分享阅读习惯的养成时，我介绍了"每天阅读10分钟"，帮助员工培养阅读习惯。有朋友悄悄对我说，10分钟阅读刚好能起到催眠作用。尤其是刚开始培养阅读习惯的朋友，一般会有这样的感觉：读得速度比较慢，感觉静不下心来，一读就打哈欠，想睡觉，读完感觉什么也没记住……这些感觉都会影响我们的阅读体验，甚至让很多人放弃阅读，转而拿起手机。

为什么我们觉得很累、不想动脑的时候，却想玩手机呢？因为大脑在面对压力时，一直需要兴奋感，而玩手机恰好可以满足这种及时的兴奋感需求。尝试坚持阅读，就可以打破这种大脑压力下渴望兴奋的状态。虽然一开始大脑和身体都会抵制，阅读体验也不好，但只要坚持就会发现自己正在悄悄变化。

这个时候，只要拿起笔，你就可以打败困意和手机的诱惑。让你的手不闲着，看起来简单无比，其实需要很强的意志力，效果也非常显著。

读书笔记也是找回阅读习惯的一种方式。想一想，我们从小学时期就开始摘录名人名言，读书笔记几乎伴随着每个人的学习生涯。在读书笔记方面，几乎每个人都是有十年以上经验的"专业"高手，但工作之后，读书的习惯一失去，写读书笔记的习惯也随之而去了。即使重新找回阅读习惯，很多阅读者也没有找回写读书笔记的习惯。"看看休闲的书放松放松，懒得做笔记"，这是我听到的最多的说法。遗忘有普遍的规律，每个人都会遗忘。正是由于遗忘具有必然性，所以为记住更多想记住的内容，我们可以使用一些必要的工具和方法，而写读书笔记就是很有效的方法。

写读书笔记，一方面可以通过书写静心，增加专注力；另一方面可以增强记忆，对于后期重复阅读，也有很大的价值。

怎么去推广写读书笔记呢？我把一页读书笔记制作成书摘卡，给机构策划活动，还策划书摘大赛。基本上，用过这种方式的企业都得到了超出预期的惊喜。

如何做简单实用的书摘？

我通常建议做"一页纸书摘"，也就是特别设计的书摘卡。书摘卡可以根据活动主题和目标进行设计，也可以让员工手绘，这样更简单有趣。员工可以从自己喜欢的图书中摘录经典语句抄写在书摘卡上，也可以书写简短的感言。每个人都是自己生活的创作大师。

我还建议做"一页PPT书摘"，将读过的内容复制到PPT中，或者把自己的感想写在PPT上。这比"一页纸书摘"还便捷。很多人把要点整理在PPT中，刚开始可能不美观，但简单有效。一本书的精华可以用来做很多页PPT，坚持做下来让人受益匪浅。如果有设计功底的话，你可以将PPT做得美观一些。每天有一点收获，一直坚持下去，人们就会有满满的成就感。

书摘卡做完就结束了吗？并不是，有趣的策划才刚刚开始。

对于企业来说，策划书摘活动和比赛，是为了增加阅读的游戏性和趣味性，便于推广阅读活动。这类活动门槛低，简单易行，它的作用就是打破大家对阅读的传统认知，跨越对阅读笔记的畏惧，为重新认识阅读和培养阅读兴趣做铺垫。

企业如何策划书摘比赛？

1. 策划主题

不同的企业开展书摘活动，会选择不同的主题，同时开放投稿空间，这是比较好的选择。例如，工会关心员工是一项重要工作，可以以"家文化"为主题投稿，为主题设立单独奖项，为自由主题设计其他奖项。这样既能保证主题投稿的参与度，也能让自由创意投稿更有积极性，还会增加整体参与度。

2. 活动形式

"纸质书摘"适合在线下征集；"PPT书摘"适合在线上征集。我在帮企业设计书摘大赛的时候，会提供一些专门设计的书摘卡。这些书摘卡被发放给各部门甚至每个人的手上。每张书摘卡都有企业读书会的标志，还有组织的使命、愿景及摘录的推荐图书的内容，给大家作为参考模板。每个人在书摘卡上填写姓名、部门、联系方式（用来公布获奖名单，并通知获奖者）。统一设计制作的书摘卡能够在企业内部起到宣传企业读书会的作用，提高企业读书会的知名度。这也是企业读书会内部营销的一个重要动作，不仅成本低，而且收效高。当然，书摘卡可以编号，每月还可以抽奖，对于内部营销来说，效果更明显。活动具体采用线上模式还是线下模式，可以根据企业文化和员工的地域分布来选择。

3. 进度安排

书摘活动不仅是为了做书摘，而且是为了推动员工阅读。书摘活动从发起到结束有一个月的时间，要给大家充足的阅读时间，以便大家做出漂亮而有创意的书摘。

4. 奖励机制

（1）荣誉奖励

因为缺乏专业的评审角度，所以多从奖励参与度的角度设计奖项。例如，最美的书摘、最具创意的书摘、最打动人心的书摘、最贴近主题的书摘、最具有参与度的部门（这是个集体奖项）等。

（2）实物奖励

向员工提供实物或者不同额度的企业内部兑换券，用其兑换图书、小礼物等。例如，在企业内部流通的阅读币，员工可以用来购买和兑换企业内部的奖励和福利。

除以上提到的之外，标准版书摘卡还可以用于企业图书馆。在每本书上粘贴一套书摘卡（3～5张），就像图书馆的借书卡一样，将其放在容易抽取的卡槽里，员工可以在上面写阅读心得。这样大家在借阅图书的时候就可以相互交流阅读心得，图书也由此变成企业内部的社交媒介，而不仅是图书馆里的藏书。

4.3

📖 朗读：如何在员工中发现朗读好声音

随着电视节目《朗读者》的火爆，朗读从小众专业领域走向公众视野，一些朗读表演艺术家的作品更是在网络爆红。

很多城市的街头和商场里布置了朗读亭、朗读吧这些随时可以录音的设施，还有像喜马拉雅这类App也为人们提供了便捷的上传音频作品的机会，为人们制作朗读作品、体验朗读魅力、感受朗读艺术搭建了便捷实用的平台。

受到这股热潮的影响，很多企业开始举办朗读活动。

朗读活动的特点

朗读活动具有哪些特点呢？

1. 门槛弹性

朗读活动对专业水平要求较高，但在企业内部组织朗读活动，可以设计比较低的门槛，提高参与度，通过培训和辅导提高朗读者的专业水平。

2. 形式新颖

朗读活动形式新颖，可以与社会热点和企业文化融合。

3. 活动灵活

朗读活动比较灵活，可以个人朗诵，也可以集体朗诵。

4. 过程专业

朗读活动具有专业性，专业与非专业朗读者之间有比较大的差距，企业可以请专家培训员工，以此来提高员工朗读的整体表现力。

企业读书会组织朗读活动的背景

企业读书会在什么背景和需求下组织朗读活动？

1. 重要节庆假日

在企业周年庆或者一些重要的节日组织朗读活动，可以烘托喜庆气氛；可以回顾历史，传递企业文化；可以歌颂企业的发展和成就，增强企业凝聚力。

2. 重要培训或学习任务

有些企业，尤其是政府和企事业单位，需要学习一些优秀的历史作品，例如"四史"（社会主义发展史、新中国史、党史和改革开放史），可以选择一些经典篇章，用声音去感受历史发展的脉搏和力量。

3. 针对客户的文化类活动需求

企业需要为客户组织文化类活动，可以用朗读的形式来呈现。

4. 企业文化梳理完成后

宣传企业文化，朗读也是非常适合的形式。通过朗读与企业文化有关的作品，传播企业文化，这是年轻群体乐于接受的形式。

策划朗读活动

如何策划朗读活动？

1. 理清目标

不管什么活动，都需要有清晰的目标，这是团队活动的基础。

初次组织朗读活动，可以以体验朗读艺术为主，邀请朗读专家讲授朗读专业知识，如发声和身体语言，然后邀请朗读活动的参加者进行互动，请老师点评。朗读看似门槛不高，但用声音诠释和演绎好一篇作品并不容易，用声音传递思想和情感更需要专业的功底。

有的单位会以熟悉的作品为目标。例如，学习《新中国70年》，就可以通过朗读的形式来了解历史。

2. 筛选作品

根据活动目标筛选作品，尽量选择一些与主题贴近的、内容丰富的、情感真实的作品，这样更容易发挥朗读艺术的表现力。

根据活动的场景选择作品的长度。企业内部组织朗读活动，作品的朗读时长以3～5分钟为宜，不宜过长，具体根据员工的朗读基础和活动的整体时长决定。

3. 活动通知

在活动时间、活动地点、活动形式、具体朗读的作品确定后，就可以发活动通知。我建议至少提前一周发出活动通知，以便与工作时间进行协调，并提前向参加者发放朗读作品，让大家熟悉。

4. 现场组织

朗读活动对话筒和音响有比较高的要求，现场的音响设备需要提前调试。

主持人要熟悉活动流程和主要细节，与朗读老师密切配合；让参加者积极尝试朗读作品，以获得老师的专业指导。

在活动结束后，还可以邀请朗读老师在线上评点作品。

以上介绍的朗读活动是基础的体验式朗读沙龙活动，接下来介绍朗读活动的升级版朗读赛事如何策划。

朗读赛事策划

对于朗读赛事策划，我重点提供以下几点建议。

1. 比赛通知

发布比赛通知，内容包括参加对象、作品要求、赛程安排和评分标准。

2. 作品初选

根据比赛要求，对作品进行初选，一般选择12～15个作品入围，可以组织半天的比赛。

3. 朗读辅导

赛前邀请专业朗读老师对入围的作品进行指导，调整朗读的内容、字词发音、音调处理、情感表达、体态呈现、站位走姿、视频背景或音乐配合等，以提高作品的整体艺术性和表现力。

4. 现场比赛

发布评委名单并公布评分机制。根据评分标准，评出一等奖、二等奖、三等奖及优胜奖。

朗读赛事整体的策划和组织，是比较专业的事情，需要和专家多沟通，设计好每个环节，让参加的人在比赛中真正得以提高。同时，让参加者的作品能够打动听众和评委，获得大家的认可，对活动给出较高的评价。

通过朗读赛事选拔出来的人才，可以向他们颁发聘书，请他们组团担任企业的文化大使或企业的文化宣传员，定期或不定期地录制一些朗读作品，发布在企业内部的宣传平台上，形成赛事的持续影响力，传播正向的价值观和企业文化。

我在这里讲一个小故事。在一家企业组织朗读比赛的时候，初选阶段有个小伙子声音条件不错，下属分公司推荐他参加比赛。但是，他一直推诿，说工作很繁忙，不愿意参加。我听说这个消息之后，就主动给他打电话。我说："这是集团给你提供的一个自我展示的平台，你的声音条件这么好，应该珍惜这个机会。公司周年庆不是每年都有的，这是大庆，你好好考虑一下。"后来，他一路过关斩将，从片区赛到半决赛，最终杀到总决赛，拿到了很好的名次。他本人作为集团纪念作品的表演者之一，在最具有纪念意义的舞台上进行了汇报演出。

在企业内部组织活动，刚开始参与度低的时候，我们需要做好宣传和动员工作，为员工提供真正有价值的舞台，上他们展示自己的才华并获得能力上的提升。人们一开始可能迟疑，但一旦发现机会，一定会努力抓住的。

策划企业读书会活动，要具有策划真正有价值的活动这一理念，让真正有才华的员工脱颖而出。这样的活动也会因为可以使员工展现自己的光芒而成为广受欢迎的品牌项目。

4.4

📖 征文：阅读心得怎么写才会打动人心

你所在的企业搞过征文活动吧？

你有没有重点关注过阅读心得怎么写？

阅读心得的写法

阅读心得怎么写？写阅读心得没有千篇一律的格式，但有一定的章法可寻。

撰写阅读心得，在字数方面不要对自己有过高的要求，我建议写800 ~ 1500字，可以写出一些想法，阐述一个主题，说明白自己的观点。经过一段时间的训练后，将字数提高到2000 ~ 3000字，如果能轻松驾驭，分析问题的能力也会随之提高，后期尝试继续增加字数，撰写3000 ~ 5000字的阅读心得，此时就具备相对成熟的阅读心得写作习惯。这个过程训练的是驾驭文字以及表达思想的能力，虽然不能单纯从字数上评价一篇阅读心得的好坏，但没有字数支撑，也很难让阅读心得具有一定的深度。

刚开始写阅读心得时，思路可能不清晰，因为那时候真正有价值的想法还没有产生，灵感还在酣睡。在这种无目的的起始阶段，可以尝试三段论——开头写对书的感受；接着抄三段自己认为最有价值或感人的话，一边抄一边想，每抄一段就把自己对这段话的理解写在下面；最后写一个总体结论。

这种三段论写法和很多演讲模式一样，只是具体内容有所不同。不要怀疑抄写的功效，抄录一些经典语句，能够增加自己对每个文字的理解。每个文字都是有生命的，经过千百年传承，它们身上凝聚了许多文学大家的智慧。一边抄写，一边思考，在这个过程中，灵感就像沉睡的精灵，慢慢被指尖敲击键盘的声音惊醒，会被纸张的墨香唤醒。这时候，灵感就会腾空而起，从大脑里轻盈飘出，跃然眼前。

为解决很多人撰写阅读心得无从下手的问题，对于不同类型的图书，我推荐不同的写作方法。当然，所有的"套路"只是入门级的武功，目标是灵活驾取语言，慢慢形成自己的写作风格，最终登堂入室。写作就像练武，练武者最后都会创建自己的套路，自成一派。

除三段论之外，下面介绍一下我经常用的阅读心得写法。

1. 要点式写法（思维认知类图书）

对于思维认知类图书的阅读心得，大概可以将其概括为一个套路：学到了什么新理论、新观点或新逻辑，跟社会或个体有什么关系，能不能具体应用到自己的工作和生活中。这类图书适合快速阅读，通过快速浏览把自己想要的内容找出来，并通过相应案例加深理解，最后想一想如何与自己的工作和生活关联起来，拓展自己的思维模式和认知眼界。这类图书一般只有少数几个章节的内容特别有价值，其他内容可以忽略，不要担心顾此失彼。将自己想要的内容用最短的时间找到，用最快的速度理解，这就是最有价值的收获。

2. 问答式写法（管理技能类图书）

当我们需要解决一个问题时，除请教专业人士、上网查找资料外，还会通过阅读来寻求解决方案。问答式写法可以用于写管理技能类图书的阅读心得。带着问题去读这一类图书，阅读的收益和效率会大大提升。

第一步，清楚描述自己的问题，把它写出来，这是找到合理答案的关键步骤。

第二步，仔细检索图书目录，找到相关度最高的章节。

第三步，快速浏览相关内容，寻找并总结出答案。

第四步，回顾问题，确定找到的答案是否回答了自己的问题。

第五步，通过实践，确定找到的答案是否能够真正解决问题；如果在书中没有找到合适的答案，继续阅读并寻找最优方案。

3. 反刍式写法（古文经典类图书）

对于古文经典类图书，因为要理解每个字词的意思，所以很多人需要不时查阅字典，才能理解每句话的意思；或者直接购买文白对照的书，最好连拼音也有。这是现代人阅读古文作品的普遍现状。现代人精通古文的并不多，很多人上学时候打下的一点古文功底，因为长期不阅读古文，也几乎消失殆尽。

对于古文经典作品，适合将句子印在脑海里，在大脑有片刻空闲的时候，将其反复琢磨。对于这类书的阅读心得，不必追求系统完整，轻轻松松地记录自己的感悟就可以，灵感来的时候就捡起笔随手写几行，或者洋洋洒洒写一篇。时常在自己的脑海里显现李白的诗、苏东坡的词，回味李清照的意境，阅读心得自然会涌上心头，写阅读心得仿佛在跟作者对话。

对于古文经典类图书，就当作古人写诗词给你，为有效沟通，你需要将其翻译成白话文，然后把自己的感悟分享给别人，这样一篇阅读心得就成稿了。这个过程可以被概括为"回味—理解—领悟—分享"四个阶段，阅读心得也可以沿着这个过程来写。用这样的方式，不时跟古人聊天，与古人渔歌互答，也是一件趣事。

当然，还有很多图书种类，以上只是提供几种图书类型的阅读心得写法供参考。有一段时间，我认为写作是有"秘籍"和套路的，于是翻阅了许多写作类图书，最后发现，正如《写作这回事》序言里所说的，"论写作的书大多废话连篇"。看到这句话，我大笑不止，就像一个在几十本关于写作的书里游览、满头云雾的迷路游客，突然豁然开朗了。

《写作这回事》一书带给我的启发就是，不管是撰写阅读心得，还是文学创作，最重要的是提起笔去写，或打开电脑不停地敲击键盘，用行动迎接灵感的到来，用文字抒发真实的情感，用心讲述真实的故事，这样就可以写出打动人心的文字。

阅读心得征文活动怎么搞？

企业内部的征文活动，一般都有清晰的背景和目标。例如，销售部门或客服部门会开展与客户服务相关的征文活动，企业文化部门为传播企业文化也会开展相关的征文活动，人力资源部门或工会会开展"我与企业共成长"这类征文活动，它们跟阅读心得的征文活动在赛制上是基本相似的。

策划好阅读心得征文活动，写好征文启事很关键。征文启事通常包含以下几项重点内容。

1. 主题

征文主题需要紧紧围绕企业组织阅读心得征文活动的目的，在大方向上具有一些共性，如希望发现一批工作努力、善于思考和积极建言献策的优秀员工，让员工为企业发展做出自己的贡献，并在这个过程中证明自己的价值。

可以根据企业的发展情况确定征文主题，让其结合企业当前的发展目标和工作重点。

征文主题与企业的需求密切结合，同时兼顾员工的需求，让员工在征文中讲述自己的成长故事，展示自己的才华，这是征文获得高参与度的关键。

2. 时间

我建议，征文时间跨度为2 ~ 3个月，让大家在工作之余有足够的时间阅读图书、搜集素材、整理思路、撰写文章，保证征稿的质量。

3. 参加群体

不同的征文活动有不同的参加群体，在征文中要写清楚。一般企业内部的征文活动是面向全体员工的。

4．要求

企业内部的征文活动，如果不经常组织，我建议最初文体不限，让参加者尽情发挥，随着活动的广泛开展，再限定征文的体裁。

根据征文对象的整体水平，为让更多的人参加，起始字数一般可以设置为800 ~ 1500字，后期可以调整为3000 ~ 5000字。具体字数跟文章的体裁有关，这并不是一个孤立的数字区间。

5．奖项设置

一般征文活动都会设计一等奖、二等奖、三等奖及优秀奖若干。为鼓励员工参加，可以加大奖励力度，提高大家参加征文比赛的荣誉感和成就感。

6．评选规则

评选规则根据征文主题、内容、体裁等综合设定。企业内部征文不以专业征文为主，可以增加大众喜爱的权值。好的文章都有打动人心的力量，对企业内部征文来说，不必过于看重专业度，不管是启发思考，还是产生共鸣，都是文章的价值所在。

打分体系需要专业人士指导，以便做出公正的评判。征文的评价系统是组织征文活动的核心，它代表征文活动体现的价值观。

7．评委名单

评委可以根据需要来安排，相应部门的领导和公司领导，以及外部专家可以共同组成评审团，对征稿的作品进行评选和打分。

8. 投稿方式

提供邮箱，收集投稿，要求投稿人留下姓名和联系方式，以便发送获奖通知以及得到投稿者的其他配合。

9. 作品展示

征文作品评选完成后，公布评选结果，并在公司内部的企业邮箱、微信公众号、内部刊物或报纸上，陆续发表获奖作品。在展示过程中，还可以增加一些对参赛者的后期采访内容，让他们分享创作心得，将征文比赛的价值进一步扩大化。

以上所讲是组织好一场征文活动的必备内容。除此之外，我特别向企业提出以下建议：

如果没有好的主题，又想组织征文活动，可以从征集阅读心得开始，这是开启员工写作之路和征文活动的切入口。

提供写作培训指导，可以穿插在征文活动中间，提高员工的写作能力和表达能力——这也是每个员工需要具备的基本能力。写作培训与征文赛事相得益彰，可以帮助员工提高自身能力。

组织线上写作训练营，每天写200字感想，或者每周写500字，从培养员工的写作习惯开始，提高员工组织语言的能力。长期写作，可以使人具有言简意赅、逻辑清晰的语言表达能力，同时提高沟通能力，改善工作效率，增强内部协作。

企业可以将优秀的作品结集成册，印刷出版，作为经典案例收藏，让新员工学习，了解企业文化和员工的精神风貌，以更快地融入团队。

企业还可以将优秀的作品投稿给业内或上级主管单位举办的征文活

动，获得相应部门的关注和认可。

　　阅读心得征文活动仅是一次性活动，效果往往短暂，通过组织征文活动提高员工对企业的认可度，提高员工自身的写作能力，这才是活动的价值所在。立足参加者的需求，结合企业的发展目标，是成功组织征文活动的关键。

4.5

📖 视频：阅读类短视频比赛怎么玩更有价值、更有趣

短视频最近几年非常火，真正是"抖音快手小火山，直播圈粉不得闲。后起之秀视频号，明显风格不一般"。短视频平台吸引了人们的注意力，影响了阅读。如果不能阻止短视频占据我们的注意力，那就让阅读类短视频占据我们的注意力。如果趋势已在，不能阻止，那就利用它的优势。

利用短视频，我们可以针对阅读做什么？

传统书单是图文结合的形式，一般比较完整、准确的信息都是出版社或者各大网店发布的，距离人们比较远，很难引起人们的兴趣。即使企业内部制作书单，加了一些推荐理由，依然是图文为主，或者将其做成音频，短视频还是比较少见的。短视频可以改变书单的呈现方式。用短视频推荐图书，更能引起大家的关注，甚至成为讨论焦点。

阅读类短视频具体怎么做？

1. 荐书短视频

邀请企业内部爱阅读的员工，用1～2分钟的时间，向其他同事推荐一本书，言简意赅地介绍推荐理由，如这本书的价值是什么，是解决读者的某个问题，还是引起人们的好奇心。短视频时间很短，在创作的时候要充分考虑视频脚本的立足点。

在录制短视频的时候，人们通常会犯一个错误，就是没有站在观看者的位置观察视频效果。我有一段时间录制短视频就略显生硬，幸好有多位朋友私下指点我，才让我慢慢找到自己作为分享者讲述的感觉。对于员工来说，需要有一个过程，可以先邀请有经验的人参加，因为并不是每个人面对镜头都能侃侃而谈的。

除了真人出镜录制荐书短视频，也可以选择剪辑一些网上的视频片段来制作阅读短视频，但注意不要侵权。先选择一本书，摘录一段文字，或者根据你喜欢的内容进行原创，然后根据文字内容选择合适的镜头来诠释，还可以加上配音。

图文卡点更简单，但略显单调，所以对文案和配音有更高的要求；当然，也可以做出很有意境、令人感动或者让人有所启发的短视频。

2. 朗读短视频

我建议，朗读短视频的时长不要超过3分钟。朗读者要具有专业功底，或者刻意练习，朗读短视频才能有表现力和感染力。

3. 讲书短视频

我们可以将讲书短视频控制在3分钟以内。视频越长，对讲述者的考验越大，观看者的注意力也越不容易集中。

讲书跟荐书的区别是，讲书是要分享与书相关并且有价值的核心内容，而荐书是给读者一个读书的理由，两者的定位有所不同。讲书者可以分享1～3个有价值的点、一个故事、一本书最动人的地方，自己读完之后的感受，让观看者认可书的价值。

如果并不希望少数人做分享活动，就鼓励员工参加，并为员工提供视频选题、脚本创作、拍摄和剪辑方面的培训。

做完短视频，将其分享到公司内部平台上还没有结束，我们还要以"作品"的态度来对待这件事情。好的内容没有边界，为让原创的阅读短视频影响更多的人，不妨选择优秀作品，在本单位的内部App、公众号、视频号、抖音等平台上展示，将企业文化传递出去，让员工为企业代言。员工积极学习并热衷分享的状态，就是最好的企业文化品牌。

如果觉得组织内部确定优秀作品有失公平，那就把收集的作品在平台上公开展示，根据点赞、转发和收藏数量来确定最终获奖作品。这个过程也是在用作品影响每个观看者。

阅读短视频比赛怎么评选？

1. 比赛主题

可以将一个大方向作为本次比赛的主题，给员工一个选择范围，如党建、创新、组织变革等。

2. 参赛对象

明确对参赛单位、参赛对象的要求，以及参赛作品的数量。

3. 参赛内容

可以拍摄阅读和学习的场景，可以拍摄朗读作品、荐书和讲书的视频，还可以剪辑一段读书现场的图片卡点视频，或者晒出阅读笔记，记录阅读生活，通过各种形式推荐好书。不论是一图一景，还是人的感悟，或者荐书短视频、亲子阅读视频，都可以作为参赛内容，参赛者可以根据具体主题要求制作。

4. 建议选题

- 展示阅读学习场景，如学习企业史视频。
- 展示阅读笔记和阅读场景的图片卡点视频。
- 展示原创诗歌和经典作品的朗读视频。
- 展示阅读感悟和阅读心得的讲书视频。
- 展示经典好书的荐书视频。
- 其他符合要求的视频。

5. 大赛时间

阅读、拍摄和制作都需要时间，我建议从发布比赛公告开始，将征稿时间持续2个月左右，再进入评选阶段。

6. 作品内容要求

- 内容必须积极向上，弘扬主旋律，传播正能量。
- 内容充实、生动，突出重点，通俗易懂。
- 内容要求与阅读或发展相关，用图片卡点、朗读图书或讲书短视频的形式。

- 作品时长在180秒以内，画面和声音清晰。

7. 作品提交方式

- 请将参赛作品于截止日期前统一发送到指定邮箱或者上传到指定平台。
- 在作品提交前，如需指导，可以安排老师培训和辅导。
- 在提交参赛作品时，要求参赛单位或个人在附件中注明作品名称、联系人、手机和邮箱。附件与参赛作品一起提交，以便联系获奖者。

8. 评选奖项及评分标准

本次大赛将评选综合奖项一等奖、二等奖、三等奖及优秀奖若干，并评选最具创意奖、最美摄像奖、最具哲理奖、最具人气奖等单项奖。获奖者将获得荣誉证书，获奖作品将在主办方相关平台展示。

（1）评分标准

参考短视频发布后的点赞、转发、收藏的数据，并由评委会打分评选，取平均得分作为作品得分，最终评出各个奖项的参赛作品。

（2）评分依据

根据总分来设计具体打分项。如果按照总分10分来计算，那可以这样设计打分项：内容完整，2分；贴近主题，展现阅读价值，4分；画面清晰，1分；声音清晰，具有表现力，1分；有创意和创新，2分……

阅读短视频是年轻人喜闻乐见的形式，也是阅读产出的一种方式，以上内容供大家在策划活动时作为参考。

§

第五章

线下阅读活动策划

与线上阅读活动相比，

线下阅读活动人群更有针对性，

活动目标更清晰，

对活动的价值度和参与度要求也更高。

：

对于企业读书会来说，最好将线上和线下的阅读活动结合，给员工创造在线下交流的平台，激发思想碰撞，精准聚焦企业和员工的价值诉求。做好线下的活动体验设计，创造出情景阅读、阅读拓展、阅读游戏和讲书比赛等具有代表性的品牌项目，以展现企业读书会的价值。

5.1

📖 阅读沙龙：如何策划选题和招募参加者

在我接到的关于企业读书会的咨询中，有两个问题出现得最多：一是如何组织线上的阅读活动，二是如何组织线下的读书会。二者共同的焦点是如何调动参加者的积极性并保持活跃度。关于线上活动，我在前面已经写过一些参考模式，现在重点谈一谈如何组织线下的读书沙龙。

组织线下的读书沙龙

1. 场地

在公司内部组织沙龙活动，我建议将活动地点设在员工休息区。舒服的沙发和具有现代感的简约小茶几，便于人与人之间轻松地交流，大家可以坐得随意一些。当然，没有这样的条件，也可以将沙龙活动地点放在培训教室，将凳子摆成不规则的扇形，原则是不要有开会或者做报告的感觉。

在公司外部组织沙龙活动，可以选择具有文艺风格的茶馆、创意书店、博物馆、创意街区的特色店铺等场所，主要是营造一种阅读文化氛围，让大家能够畅所欲言。

2. 时间

读书沙龙的时间以1 ~ 2小时为宜。

如果在中午，我建议用1小时，这样中午不休息的员工就可以参加读书沙龙，每个月组织一次。读书沙龙举办得太频繁，员工参加可能有难度；但时间跨度太长，员工的热情就容易消失。另外，一个月读一本书压力不大，正好可以在沙龙活动现场分享，具有很强的可操作性。

如果是下班后举办读书沙龙，我建议用2小时，参加者可以充分展开讨论，激发思想火花。同时，下班后大家更放松，思维也更跳脱。

3. 形式

如果是开展全员阅读活动，考虑到员工的基础不同、每个人的爱好不同，我建议采用自由分享自己喜欢的图书、每本书分享3 ~ 5分钟的形式，先让大家了解不同的好书，从别人的分享里受到启发。

随着读书沙龙的开展，逐渐延长每个人的分享时间，慢慢从自由分享向主题分享过渡，再向精读单本书过渡。有些企业开始组织阅读分享会，就是领导推荐一本书，让大家去读。那是领导的需求，不是大家的需求。所以，一本书的形式走完，大家也就不再参加了。对于组织部门来说，强制大家读几本书后，读书沙龙就很难再组织了，大家会找各种理由请假；如果不强制，大家就干脆不来，最终沙龙只能停办。

从我多年组织读书沙龙的经验来看，能让每个人发声，就是最大的成功，每个人最少发声三次。如果能够表达自己的观点，人们就会期待下次继续参加活动。没结论的问题可以在下次继续讨论，不同视角带来的观点冲突让活动现场火花四溅。当然，这个时候也需要有一个能够灵活应变的主持人，控制现场气氛。

4. 选题

选题在读书沙龙的中期特别重要。在自由分享的第一阶段之后，就可以对需求进行调研，了解大家关注的主题和图书，然后针对关注度高的图书，邀请前期活动表现活跃的员工深度阅读并进行主题分享，时间控制在30 ~ 45分钟。当然，这个工作也可以邀请专业导读老师来完成。

根据我们之前的调研结果，人们对国学、旅游、个人成长、亲密关系、亲子关系等图书具有比较高的需求。从单本书的角度来说，对畅销书进行导读是一大需求。

很多企业在推广阅读之初就喜欢搞共读一本书活动，我不建议这样做，因为人们的阅读兴趣往往差别比较大，这样做容易影响大家参加的积极性。

5. 参与度

参与度困扰着每个组织读书沙龙的朋友，如果不想让企业读书会流于形式，就要坚持以开放、平等、自由的原则来策划和运营。对于领导指定的必读书目和员工喜欢的图书同样重视，对表现突出的参加者，给予资金、实物或名誉上的奖励，重视标杆阅读者的领读作用和影响力。每家企业渴望读书的员工都不少，将这些员工找出来，给他们创造平台，让他们分享自己读书的收获和成果。

关注爱读书的员工，增加活动的趣味性和价值感；不要急于求成，也不要期望全体员工都参加，因为那并不现实。爱读书的员工每年有所增加，就是工作的积极成果。"朱子读书法"中有一条就是"循序渐进"，读书要循序渐进，举办读书沙龙也是，切忌急于求成。

6. 运营各阶段的重点

在启动阶段，企业读书沙龙以凝聚人气为主。在预热阶段，如果要做选题，首推旅游，因为这是大部分人的爱好，而且每个人或多或少都有自己的旅游见闻，人们可以根据自己的旅行体验推荐图书，分享旅途中的故事。这种主题很容易激发大家分享的乐趣。每次沙龙活动限制在20人以内，每次有3～5位主分享人。主分享人分享之后，进入互动讨论环节。旅行话题属于读书会凝聚人气的预热活动。

（1）自由分享

以广泛参加为目标，做好"统一战线"工作，吸引广大员工积极参加。

（2）热点图书

对于近期热点图书，每本书选一人分享，让其提前准备，在现场与他人进行交流。这也是凝聚人气的较好方式。

（3）讲书内容设计和演讲培训

请企业领导或者导读师对某本书进行导读，或者请老师培训讲书方法和阅读方法，提高讲书活动的质量和精彩程度。我看到过很多企业兴致勃勃地搞读书会，但后来搞不下去了。虽然很多人讲的内容是干货，但因为不擅长演讲，听起来干巴巴的，不能引起别人的兴趣。有的人分享的形式很活泼，可内容之间没有太多逻辑性，说到哪是哪，没有重点。还有的人分享书中的内容，但没有自身的感悟和分析，也不能打动听众。所以，好的讲书活动需要内容设计和演讲辅导。在这个阶段，就需要提高企业读书会的整体能力，这样才能激发大家分享的欲望。

（4）组织主题讲书活动

经过前三个阶段的组织和培训，第四个阶段就可以选择大家感兴趣的主题，请讲书人就某个主题进行分享。这时候，讲书人的内容设计、演讲水平已经有所提高，分享的内容也会更加精彩。如果企业有预算，还可以举办讲书比赛，展现阅读成果。

我建议以季度为阶段组织活动，每次活动结束后进行复盘，因为需要积累经验，需要探讨问题所在，从而优化项目，把阅读沙龙搞得有声有色。

5.2

📖 **拆书：如何快速掌握一本书的价值**

阅读"有用之书"，如何快速获取它的价值，困扰着很多朋友。有的人好不容易拿起一本书，翻了没几页，没看到有价值的内容就放下了，下次再拿起这本书，前面的内容又忘记了，又重读了前面几页，又放下了。这样反复几次，对书的兴趣也就丧失了。那么，有用之书指的是什么书？它特别指的是那些对我们的生活和工作有实际应用价值的书，以方法论和工具类图书为主。既然如此，快速掌握一本书的精髓，就变成了人们必须掌握的一个阅读技能。考虑到大家的工作需要，我们以管理类图书为例进行介绍，让大家学会快速阅读有用之书，将其拆为己用。

要知道，作者写书的时候一定有其逻辑结构，尤其是有用之书。作者在把自己的观点写成一本完整的书之前，一定会反复构思，认真揣摩，想好书的逻辑结构和表达方式。作为读者，我们如何才能站在作者的角度，抓住作者创作的逻辑脉络，来系统地获取整本书的内容呢？或者，去肉存骨，掌握一本书的精华呢？或者，依托个人的阅读需要，找到对自己有用的内容，将其拆为己用呢？

常用拆书法

我给大家介绍几种有效的实用阅读方法，帮助读者拆分书中的要点，以提纲挈领，掌握一本书的精华。

1. 目录拆解法

目录拆解法以书中的目录作为导读依据，以书中的序言作为参考，画出书中的重点章节，进行阅读。

第一步，认真阅读序言，辨别序言是客观的评价和推荐，还是单纯的赞美之词。一般来说，好的序言非常值得看，因为信息量很大，非常有价值；而不好的序言，往往会引发我们对整本书内容的质疑。

第二步，认真读完目录，这本书你就已经读完一半了。这种说法有点夸张，但好的目录逻辑清晰、内容紧凑、要点突出，让你能够很快找到自己感兴趣的内容，它相当于一本书的"旅行指南"。

第三步，阅读从目录中画出的重点章节，并标出有核心价值的内容。这时，你就已经读完一本书的精华了。

第四步，翻阅其他章节。如果你在阅读完重点章节后还有疑问，就从其他章节中寻找更多的解释或案例。

经过以上四步，一本管理类书你就已经读完第一遍了。如果你觉得这本书非常好，那么就可以阅读第二遍——一章一章地精读，并做好读书笔记，一定会有更大的收获；如果你觉得没有必要读第二遍了，那么这本书的使命也就完成了。

阅读管理类图书可以提升一个人的逻辑能力。管理类图书的特点是抽象理论和方法论居多，逻辑框架相对完整，逻辑思路相对严密。通过看一本书的目录，你就能看到书中的核心内容和主要观点。你可以尝试用思维导图来学习作者组织内容的思维逻辑，这对自己逻辑思维能力的提升很有帮助。

但是，有一点一定要注意，那就是要尝试分辨出目录体现的是作者的逻辑，还是编辑的逻辑。如果是作者将自己在各种场合的演讲稿整理成的图书，或者是用媒体专栏、线上平台的文章汇编而成的图书，抑或两个以上作者合著的图书，那就要多加考虑了。在这种情况下，整本书的框架很可能是出于对零散内容归类及出版的需要，而不一定是作者从专业角度谋篇布局形成的。这种"拼盘式"图书，其内容是否严谨从目录里就可以看出来。一个周密严谨的目录，无论在图书写作出版过程中，还是在读者阅读过程中，都具有重要的指引作用，值得好好研究。很多读者很可能忽略了这一点，拿过书来，随便翻翻序言和目录，甚至跳过它们直接看正文。殊不知，这是在错过鉴别图书优劣和学习作者逻辑思维方式的大好机会。

在对一本书准备精读第二遍时，为自己感兴趣的章节留足空间。你可以将图书的目录画成思维导图，一边阅读图书，一边往思维导图添加关键内容。

对于经管类图书，我还有以下几点建议：

大多数经管类图书都有腰封，它的主要作用是吸引读者眼球，以刺激读者购买，注重营销功能。所以，不要过多关注腰封甚至封面上写了哪些名家推荐，这不能作为选书的依据。虽然腰封的设计和文案写作也耗费了编辑团队的智慧和心血，但对读者而言，只需将其默默取下，弃之一旁。

经管类图书相比其他类别的图书，更适合快速阅读和跳读。因为新书的理论基础往往多数是从其他书里引用来的，原创的经典内容相对集中，所以读者很快就能掌握一本书的精华。

越新颖、独特的理论，它的道理往往越简单，常常就隐藏在个别章节里，其他章节都是在解释这个理论的来源、应用场景和适用案例。例如，《黑天鹅》《灰犀牛》《墨菲定律》《第二曲线》这类书不需要通读全书，只看核心内容所在的章节就可以了。如果你不能将问题理解透彻，就去翻看其他章节寻找答案。

2. 关键词提炼法

在阅读实用类图书的时候，目录能够帮助读者提取核心框架，而关键词能够帮助读者获取精华内容，大家可以在使用目录拆解法的过程中同步使用关键词法。那为什么我会独立出来写呢？因为每一个段落、每一个小节都可以使用关键词提炼法。读者一边快速阅读，一边抓取关键词，就可以抓住图书的要点。实用类图书的书名就是核心关键词，以此为出发点，可以通过以下几步获取一本书的价值。

第一步，关注书名。读者要了解整书的关键词是什么意思，尤其像一些不能一眼看懂的书名，或者被创造出来的新词。弄懂书名就是抓住全书要点的关键，千万别小看这一步，有的人可能整本书读完都没有明白书名是什么意思。

第二步，关注目录。找到与书名关系最大，对理解书名最有帮助的两三个章节，并找到这些章节中的关键词。

第三步，关注重点章节。快速阅读这些章节，在阅读的过程当中标记关键词。我习惯用关键词贴，将关键词写在专用标贴上，粘贴在关键词旁边的书页侧边上。这样可以使要点突出，清晰可见。每读完一章，从找到的关键词中再圈出三个重点。这样一来，一本书的关键内容就像毛细血管一样显现在我们面前，重点层层细化，价值点点深入。不知不觉，我们就抓住了整本书最有价值的部分。

读完后再看目录，看看还有没有自己感兴趣的章节，继续找出其中的关键词，然后重复上面建议的步骤。最后，将关键词梳理成一张关键词关系图，标记上页码。根据关键词梳理书的框架和核心观点，输出自己的阅读心得。

这是我平时阅读实用类图书的方式。这种方式兼顾要点和逻辑，用它输出阅读心得很便捷，能让人快速读完一本书，你不妨试试看。

关键词提炼法特别适合记性不太好的朋友。如果断断续续阅读的话，这种方式很容易通过关键词实现"前情回顾"，让自己很快想起之前阅读的内容，也更容易阅读后面的章节，而不至于隔的时间太久，仿佛又读了一本新书。

3. 问题导读法

问题导读法是指在读一本书之前，提出几个与书相关的问题，快速从书中寻找答案。

我们选择购买一本书，往往是因为这本书的书名或者宣传很吸引我们，但它是否值得阅读，取决于能不能满足我们内心的期待和实际需要。问题导读法就是一种很好的鉴定图书是否适合自己需求的方式。

根据自己的兴趣和困惑，提出几个与所选图书相关的问题，将它们写下来。这不仅有助于你快速读完一本书，还有利于写阅读心得。

你是不是会问我写几个问题好呢？我的建议是三到五个核心问题就够了。你提的问题太少，可能是你在阅读之前对书的期待较少；问题太多、太具体，书又可能会让你感到失望。

你可以试着提出几个切中要害的问题，以解决问题为引导，快速读完一本书。

如果你实在不知道提什么问题，可以使用以下几个通用问题做参考：

- 主题：这是一本关于什么主题的书？
- 期待：我希望这本书帮我解答什么困惑？
- 价值：这本书的核心理论（方法论、工具）是什么？
- 应用：如何应用书中的理论和方法？
- 延伸：书中推荐了什么好书？

这几个问题在问题导读法使用的第一阶段还是很有用的。面对所有的有用之书，你在阅读之前都可以试着提出问题。使用问题导读法，如果你读完一本书后，在书中找到了自己需要的答案，那么恭喜你，你会有满足感和成就感；不要纠结书是否完整，这个并不重要，重要的是你的问题解决了。反过来，如果你在书中没找到答案，那我更要恭喜你，因为这会引导你去寻找更能解决自己问题的图书，你的求知欲会被激发，这正是问题导读法更深层的价值。所以，当你使用问题导读法，遇到一本不能回答你的问题的书时，千万不要因此停下来，因为一定有更好的书等着你去阅读，而它也能够更好地解决你的问题。执着寻找答案的阅读之旅，正是取得"真经"的必由之路。

在阅读有用之书时，我通常把目录拆解法和问题导读法结合在一起使用，这样很快就能读完一本自己想读的书，寻找到自己想要的书中的要点，快速获取一本书的精华。

最后，我再说一个大家好奇的问题：到底多快叫快速阅读？是一目十行吗？是过目不忘吗？我认为，不要过于在意速度，阅读速度取决于一个人的专注能力、理解能力和记忆能力。对于自己熟悉的知识领域，阅读速度肯定较快。你读得越多，对相关内容越熟悉，阅读速度肯定越快，这是一个逐步螺旋上升的过程。读书不能急于求成，只要掌握一些简单的阅读方法，并且不断坚持阅读，你肯定能达到自己期待的快速阅读状态。

以上所讲的三种不同的拆解图书的阅读方法，各有特点。拆书的目的不在于拆，而在于抓住要点。读者如果过于关注关键词，忽略逻辑，或者过于关注脉络，忽略细节，对一本书的掌握就不会全面。这里说的全面不是指通读全文，而是指"取其精华，去其糟粕"的能力。

策划拆书活动

我们要根据不同的目的，使用不同的方法来策划企业内部的拆书活动。

对于企业来说，希望员工学以致用是第一诉求，所以可以使用关键词拆书法和思维导图法来策划拆书活动，当然也可以结合几种模式来策划。

第一步，根据员工需要提高的能力，选择相应的图书，将参加活动的人提前分组，分配大家阅读不同的章节。

第二步，现场阅读，每组阅读相应章节的内容，并提炼要点，写在标签上。

第三步，每组分享列在标签上的要点内容。

第四步，确定内容的模型。组织小组讨论，确定本章节的主干是用什么形式来呈现的，例如思维导图，用什么植物作为逻辑原型。

第五步，创作思维导图或者画图。

第六步，分享内容及作品。

对于兴趣类图书，拆书就可以花样更多一些：可以提前准备好从书中截取的部分内容，给大家时间去阅读；提供画笔和纸，每个人自行创作；在最后展示环节，每个人可以用一张纸拆解自己阅读部分的内容。对于这样的活动，我建议以章节为单位。参加的人可以提前认领章节，提前阅读或者绘制，在现场分享。

如果现场时间足够，每组还可以开展讨论，如书的核心内容如何应用。

拆书活动注重学以致用，或掌握图书精华，它非常适合企业组织内部阅读活动。当然，大家还可以创造出更多的拆书玩法。对于阅读的玩法，我提供的仅仅是参考，期待有更多的有趣、有价值的阅读方式在企业内部遍地开花。

5.3

📖 捐赠图书：如何策划图书捐赠活动

捐赠图书活动，说起来很简单，很多企业组织过，听上去一点都不新鲜。那么，如何策划有创意、有亮点、有价值、有温度的图书捐赠活动呢？

对于图书捐赠，直接捐钱，将钱汇总在一起买书，我是不太支持的，因为员工的参加感和体验感不强，像购买了得不到的服务。社会上有民众对公益活动存在疑虑，即使一个人只捐了100元钱，他也会质疑这笔钱去了哪里。这不是个人的问题，而是公益行业存在问题，因为透明度不高，所以捐赠人难免会有疑虑。关于图书捐赠活动，捐钱不属于策划的主要范畴，我们就讲捐赠图书。

企业捐赠图书的流程

企业内部捐赠图书的基本流程是：找到一个合适的学校，号召员工捐赠图书，然后将图书登记、打包、整理、邮寄给被捐赠的学校。

这个流程看似很简单，但要怎么做才更有意义呢？

1. 找到合适的学校

早年，我们开始策划组织捐赠图书的时候，很多小学的硬件设施还很差，教室也很破旧。华益读书会捐赠图书的第一个小学，教室相当破旧，凳子只有三条腿，条件之差难以想象。如今，大部分小学的硬件设施已经十分完备了，这得益于国家推出的精准扶贫计划。近几年，我考察过很多小学，不少小学已经建立了图书室，图书基本都是批量上架的，但缺乏更新。这些图书怎么利用，怎么培养孩子的阅读兴趣成为一个大问题，希望有更多的公益机构关注这一块。

要想找到合适的学校，我们可以跟专业的公益机构对接，请它们推荐还需要补充图书的学校，一般以人均30本为参考标准比较合理。但是，很多学校规定图书复本不超过5册，就是最多允许5个人同时阅读一本书。这个规定是否合理，还值得研究，除非孩子没有读书热情，不会争抢。

当然，如果企业员工来自全国各地，可以请他们推荐自己考察过的偏远地区小学，也可以请他们为家乡的小学捐赠图书。

2. 号召大家捐赠图书

将学校的基本信息和捐赠图书的要求和数量一起发布。如果企业打算长期捐赠，不妨为自己的公益捐赠图书项目策划一个品牌，这样更方便传播，可以通过公众号、海报、宣传单等进行宣传，也可以在企业内部广泛传播。

为提高大家的参与度，我建议企业征选公益书屋的代言人或者代言团队，拍摄短视频，在公司内部网络群、电梯信息屏等载体上传播，增加活动热度，也让每个参选的代言人发挥自己的号召力和影响力，以提高活动参与度。

3. 组织现场捐赠图书

选择一个有意义的时间，例如世界读书日、六一儿童节，布置捐赠台，提供捐赠小礼品，策划一些小游戏和表演活动，还有公益书屋代言人的才艺赛和讲书比赛。为捐赠图书的员工现场颁发捐赠证书，提供捐赠照片，邀请他们在书上写下寄语，让图书捐赠活动变得更有意义。

4. 图书整理

将捐赠人和书名、作者、出版社和数量等信息登记清楚，做成完整的捐赠表格，一式两份，将其与书一起送到学校，一份请学校核查图书，另一份请学校盖章邮寄回来，确认图书已经被签收。

5. 后续跟进

对于还想去学校走访的企业，希望不只是组织一次公益旅行，而是带给孩子们阅读课，教他们一些阅读方法。例如，如何写阅读笔记、经典读本如何读更有趣。如果仅是去当地学校看看，我觉得意义不太大，我不支持，也不反对，因为我也是从这个阶段过来的。

对于图书捐赠活动，基本可以这样操作。此前没有讲到一个关键问题，就是捐什么书，这是图书捐赠活动最终体现价值的核心所在。

图书捐赠类型

对于图书捐赠活动，我一般主推几大类图书。

1. 科普类

关于地理、物理、科学这些学科的科普书，我们每次都会选的。孩子们对世界要有好奇心，对自然界的变迁、事物的变化、科技的进步和未知保持浓厚的兴趣，所以科普书是我最关注的部分。

2. 文学类

童话故事、适合孩子们看的经典小说，也是值得推荐的一大类。教育部有小学生课外推荐书目，对于书目内的图书可以捐一些，当然很多学校不缺这类图书。

3. 历史类

对于中国历史和世界历史方面的书，也可以给孩子们捐赠一些经典读本，让其树立发展的历史观，知道人类社会的演进历程。

4. 传记类

名人传记可以捐赠一些，尤其是励志图书，它们可以给孩子带来精神支撑和鼓励，对品德修养很有帮助。

5. 经典类

一些经典作品的白话解读版本，也非常适合捐赠，孩子们读古文有困难，有解读的版本更容易理解。这类书加拼音最好，好多字的读音古今有很大变化，有些生僻字孩子们也不认识。

6. 安全类

帮助孩子们培养安全意识，学会如何保护自己，也是一个非常重要的主题。对于这类图书，也要特别关注一下。

关于书单，可以请捐赠机构提供书单或者企业自己设计书单，请员工自己认领，购买图书捐赠。这样捐赠的图书配比会更合理，再结合员工自由捐赠的图书，图书的整体结构就比较完善了。

最后，我想补充说明的是，做公益活动是安抚自身心灵的一种方式。我们可以通过策划让捐赠活动变成一个繁华的秀场，但也要明白，无论怎么策划公益活动，都需要传递"爱出而爱返"的价值观。通过参加公益活动，送出对别人有价值的物品，修炼自己的慈悲心，最受益的不是别人，而是自己，这就是我说的"爱出而爱返"的意思。

5.4

📖 画书：如何玩出阅读新体验

在信息输入、加工及处理的过程中，可以将非视觉化的信息加工成视觉化的信息。例如，将文字加工成图文，以此来增强人们对事物的感知与连接，启发联想，增强记忆并引起人们的共鸣。用色彩触发人们不同的情绪体验，让理性的信息有了情感。人的右脑偏爱图像，而视觉化刚好满足了右脑的这一需求。

当视觉化与图书进行密切连接时，会发生什么奇妙的事情呢？

大部分图书以文字为主，需要人进行理性思考，处理信息。对于大脑来说，这样比较耗能，这也是人们偏爱休闲、不爱阅读的原因。当我们读一些图文结合的书时，就会不经意地被图吸引。当我们一边阅读一边尝试将信息进行视觉化处理时，就会沉浸在左脑的阅读理解和右脑的图像生成中，将左脑和右脑同时激活，这样记忆会更加深刻，思考也会更加深入。

常用画书形式

我们将图像化处理图书信息的方式，称为画书。画书常用的方式主要有两种——思维导图和视觉呈现。

1. 思维导图

思维导图注重逻辑脉络，很容易与书结合。每本书都有自己的逻辑结构，使用思维导图可以轻易地画出一本书的脉络骨架。借助思维导图发散的线条对内容进行整理，可以将一本书的框架结构和关键内容系统地展现出来。

相比视觉呈现，思维导图更加注重对信息的归类，其中使用的图像主要用来加深记忆和启发联想，图像不是必需的，也不用追求图像的视觉美感，重点在对内容的梳理上。思维导图用起来非常方便，对绘画基础也没有要求，它是一种非常成熟的读书工具。

用思维导图呈现一本书的精华，市场上已经有此类图书了。这种方法相当成熟，我们也可以找到很多的思维导图App使用。通过思维导图，我们可以一窥书的全貌。这一方法注重知识点的逻辑性和关联性，以及全书的知识框架。

思维导图的使用方法非常简单，主要分为以下几步。

- 将书名作为思维导图的中心关键词。
- 使用图书目录做思维导图的一级和二级主干。
- 按照章节添加要点，一边阅读，一边把要点作为思维导图的分支添加上去。

从作者的逻辑转换到读者的逻辑，也是一种思维导图的画法。如果想用自己的逻辑主线来做一本书的思维导图，就适合用问题导读法中提到的问题模式作为主脉络，再把书中能找到的相关要点作为枝干添加上去。下图就是我为《非暴力沟通》一书做的思维导图。

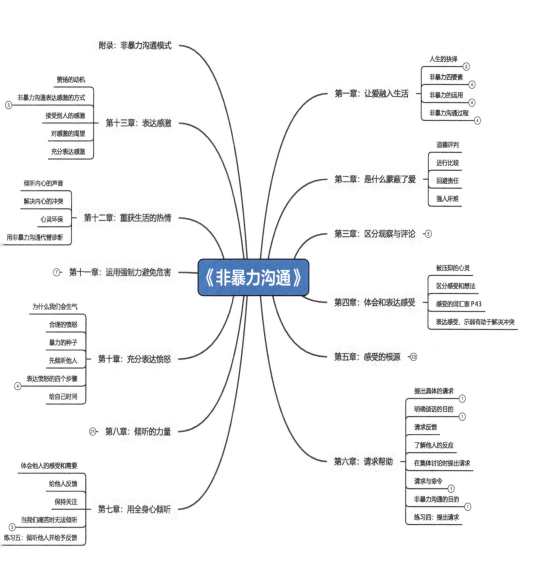

附录：非暴力沟通模式

第一章：让爱融入生活
　人生的抉择 ②
　非暴力四要素 ④
　非暴力的运用 ④
　非暴力沟通过程 ④

赞扬的动机
非暴力沟通表达感激的方式 ③
接受别人的感激
对感激的渴望
充分表达感激
第十三章：表达感激

第二章：是什么蒙蔽了爱
　道德评判
　进行比较
　回避责任
　强人所难

倾听内心的声音
解决内心的冲突
心灵环保
用非暴力沟通代替诊断
第十二章：重获生活的热情

第三章：区分观察与评论 ⑤

⑦ 第十一章：运用强制力避免危害

第四章：体会和表达感受
　被压抑的心灵
　区分感受和想法
　感受的词汇表 P43
　表达感受，示弱有助于解决冲突

《非暴力沟通》

为什么我们会生气
合理的愤怒
暴力的种子
先倾听他人
表达愤怒的四个步骤 ④
给自己时间
第十章：充分表达愤怒

第五章：感受的根源 ㉓

㉑ 第八章：倾听的力量

第六章：请求帮助
　提出具体的请求 ①
　明确谈话的目的 ①
　请求反馈
　了解他人的反应
　在集体讨论时提出请求
　请求与命令 ①
　非暴力沟通的目的 ①
　练习四：提出请求

体会他人的感受和需要
给他人反馈
保持关注
当我们痛苦时无法倾听 ③
练习五：倾听他人并给予反馈
第七章：用全身心倾听

《非暴力沟通》思维导图

2. 视觉呈现

视觉呈现是近几年随着互联网行业对用户界面（UI）和用户体验（UX）的高度关注而兴起的一个小众领域。将视觉呈现应用在阅读笔记的整理上，是提高阅读收获和体验的方式。它用图像描述阅读场景、阅读心得和阅读感悟，将阅读的收获形象化、直观化、体系化和趣味化，广受年轻群体的欢迎。

视觉呈现注重用图像对文字进行视觉化表达，用图像梳理信息，用图文结合的形式呈现有价值的内容。画书的过程，能够使人加深对图书的理解，通过图文输出，进一步思考图书的内容，加深记忆，激发灵感，将图书内容进一步融入自己的知识体系。下图即为用视觉呈现形式对《非暴力沟通》一书做的梳理。

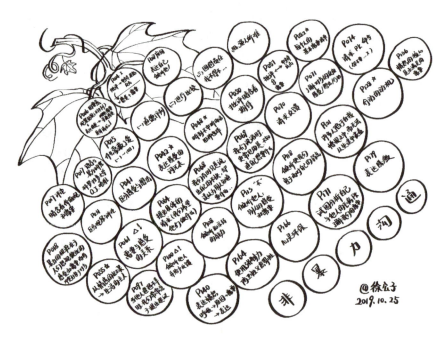

《非暴力沟通》视觉呈现图

如何画书？

1. 起点

画书不需要绘画基础，只需要兴趣。兴趣是一个人最好的老师，它会支撑你不断地探索用视觉呈现来画书的乐趣。

2. 起步

掌握一些基本的视觉图形画法。市场有很多关于视觉呈现的图书，最简单的就是把简笔画教材作为参考书。

3. 启动

一边读书，一边开始画书，试着将读到的关键内容进行图像化处理，不停地去尝试。

4. 学习

如果你觉得有点难，可以找一些视觉化呈现或者视觉笔记的网络课程，一边学习一边画，这样进步更快。

5. 模仿

多看别人的视觉呈现作品，尤其是画书作品，去理解别人的构图和呈现方式，然后自己试着画一画。

6. 实践

坚持阅读，坚持用视觉形象输出信息，不急于求成，注重长期积累。

画书是一个改变思维模式的过程，需要半年以上的时间让自己适应新的思维模式。在这个过程中，你可以收获阅读价值，也可以提高视觉呈现技能，非常有收益。

画书活动如何开展？

首先，策划画书活动的主题，选定一本有价值的书作为画书对象，接着邀请一位视觉引导师作为画书活动现场的指导老师，并发布活动通知，让员工报名参加。组织方在现场准备画笔和画纸。员工阅读选定图书，将其作为素材进行画书输出。我建议让报名参加活动的员工分章节画出相应内容。让员工分工精读相关内容，这样可以让现场画书的图文输出更有价值。

老师在现场进行画书示范并讲解视觉呈现的基本技法，接下来带领大家现场体验。然后，员工分组画书，每组在现场分享自己的收获。

如果预算允许，可以做张贴板，将员工的画书作品张贴分享，还可以将精彩的分享内容做成短视频，在企业内部传播。

根据我的项目经验，对一本书进行视觉呈现，这种新颖有趣的玩法会受到员工欢迎。画书是一种非常有趣的学习方式和做阅读笔记的方式，通过参加画书活动，员工可以建立视觉化思维模式，并将其广泛应用在工作和生活当中。

5.5

📖 情景阅读：如何在情景中阅读，解决实际问题

很多人每天都很忙碌，想静下心来读一本书，但因为工作的压力，或带孩子而身心疲惫，最终只想好好休息，没有办法真正拿起一本书，认真读进去。这是大部分人与好书的距离，也是运作读书会的时候，难以拉近的那段距离。一个人如何进入沉浸式阅读，如何帮助员工进入沉浸式阅读，是策划运营读书会需要研究的课题。经过一段时间的研发和实践，我开发出了帮助员工连接工作与生活的情景阅读。

情景阅读的开展

我具体跟大家分享一下情景阅读如何开展。

1. 锁定员工普遍关心的问题

普遍关心代表着广泛的关注度和参与度，而问题代表痛点，员工强烈渴望有合适的方法解决问题。在前期做阅读需求调研的时候，对于员工的问题和痛点的挖掘是不是到位，在后期就能充分得到验证。每个动

作都与其他动作紧密相连，而不是孤立存在的，每个环节都需要做精做深，这样企业读书会的根才能扎得深，才能使它长得枝繁叶茂。

当然，对需求挖掘的专业度也是随着读书会的开展逐渐深入的。在这里，我提供几个常用的选题供参考：如果是工会部门牵头，我推荐亲密关系、亲子关系两大刚需主题；如果是人力资源部门牵头，我推荐精力管理和目标管理两个实用的主题；如果是企业文化部门牵头，我推荐有效沟通、合作创新这类主题。这些主题一方面与本部门的主要工作联系紧密，另一方面与员工的个人成长息息相关。

2. 针对选定问题选书

这一环节对运作企业读书会的人来说，是一个不小的考验，展现了个体在这一领域的阅读量和认知度。如果自己无法确定，没有太大的把握，可以请教企业内外的专业人士，对于合适的图书，选一本最好。有预算的企业，可以提前把书买来发给员工阅读，如果提前一个月，就可以配合28天阅读打卡活动，之后再举办情景阅读活动，活动采用线上线下结合的模式。现场讨论更容易让参加者相互激发，讨论的氛围更热烈。

3. 编写呈现问题的剧本

将每本书拆解成3 ~ 5个剧本，每个剧本2000 ~ 3000字，表演时间3 ~ 5分钟。考虑到员工的表演功底和现场呈现能力，一般以对话为主、表演为辅，剧情层层递进，一步步地展现冲突。剧本语言贴近日常的工作和生活，让大家在情境中或多或少地看见自己熟悉的影子。根据冲突常见的几种场景来创作剧本，或者根据图书内容改编剧本，这就需要组织活动的人具有一些文字功底和洞察力，有不小的难度。

在实际操作的过程中，为使大家的好奇心增加，体现公平性，在现场活动前，我不建议提前发放剧本；在选定每组表演者之后，在现场随机发放剧本。

4. 彩排剧本和讨论剧情

将每组分成两个小组，一组表演排练剧本，另一组讨论小剧本的剧情。表演组安排主演、旁白、导演几个角色；讨论组明确组长、分享人、记录员等主要分工。表演时间一般为30分钟，具体时间根据剧本的长短来确定。一般情况下，一个剧本彩排5 ~ 10遍，表演者会比较熟悉剧本内容。由于现场时间有限，如果表演者脱稿表演有难度，就可以不要求表演者脱稿表演。表演主要是让大家体验表演的乐趣，同时从剧情中看见在自己身边真实存在的问题。讨论组讨论剧情反映的问题，大家一起群策群力，寻找解决方案。

5. 现场表演

每组表演者在现场根据本组的剧本表演，组内选代表点评并分析剧本反映的问题，以及如何解决。

6. 沉浸式阅读

提供图书，请大家阅读剧本对应章节的内容。一般现场安排15 ~ 30分钟沉浸式阅读，6000 ~ 12000字比较合适，这个字量符合一般人的阅读速度。在阅读计时结束后，额外安排5 ~ 10分钟时间请大家概括出书中的精华和关键词。

7. 再次讨论剧本反映问题的解决方案

主要使用书中相应内容的方法论，用其梳理现实环境里遇到的同样的场景和问题，寻找具体解决方案。

8. 每组分享

每组选派一名分享人，分享本小组的讨论成果。

情景阅读的意义

利用情景阅读的方式，可以深度阅读一本书，既有高效输入、现场体验，又有方法论产出，将书中有价值的内容进行立体化呈现，并能够聚焦工作和生活中的实际问题。这也是群体阅读的一种操作模式，让人们在阅读中互相激发，充分打开思路。

在实际操作中，情景阅读模式很受企业欢迎，难点在于剧本创作者太少。在企业内部举办情景阅读活动，这个门槛有点高。解决方式是，招募员工创作剧本，或者降低难度，直接使用从书中节选的剧情或者书中的小故事。

情景阅读活动可以带有企业读书会的特色，可以采用"一书一问题，一组一剧本"的模式，每月或者每个季度针对一个主题开展活动。通过情景阅读，员工能够在阅读与工作、生活之间建立连接，在阅读、表演、讨论和思考中发现问题并找到解决方案。

经过一段时间的情景阅读推广，很多常见的问题都会浮现在大家眼前，大家也会知道在什么书中寻找答案，而不是被困在其中。企业经营者的困局，很多来自对问题习以为常，以及担心解决问题的成本。在情景阅读中，剧本可以让大家尝试直面问题，寻找解决方案，而不是下意识地逃避。

很多企业在推广企业文化的时候，举办家庭日活动，尤其是外企。通过家庭日的情景阅读活动，可以将这种阅读模式推广到家庭中，让员工用阅读与孩子深度沟通，通过与孩子一起来呈现书中的故事，提高孩子的表演和表达能力，建立家庭内部有效的沟通模式。在阅读这件事情上，企业文化和家庭文化是相通的。

个体阅读在于自我激发灵感，群体阅读在于互相激发思想火花，情景阅读在于洞察具体问题，借助图书的要点寻找解决方案。我期待在你的策划下，你所在企业内部的读书会也能使用情景阅读模式解决员工在工作或者生活中存在的其他问题；如果能将大家共同创造的方法应用在实践中，那你和其他参加的员工都会有满满的价值感和成就感。

5.6

📖 **讲书大赛：如何讲好一本书**

为满足大家获取新知识的需求，各家知识付费平台都推出了一些讲书的内容。讲书人用通俗易懂的语言，用听众喜欢的方式分享书中的内容，这种方式广受各年龄段的朋友欢迎。我说的讲书，是通过演讲的形式，用别人听得懂的语言和逻辑，讲述书中内容，并分享自己从书中得到的收获。

讲书可以加深一个人对书中内容的记忆和理解，提高表达能力，提升专业水平，建构自己的思想体系。很多时候，我们解决阅读的问题，包括其他同类问题，往往是头痛医头，脚痛医脚。例如，记不住书中内容，我们往往以为多读几遍就可以记住，最后发现记住的依然不多。自己反复努力解决一个问题，但很难见效。实际上，要记住书中内容，多读不如多讲。如何记住书中的精华是阅读的痛点，而分享是解决这个痛点最有效的方式之一。

讲书的方法

1. 讲什么书

要做好一场令人印象深刻的图书演讲活动，在选择图书的时候就需要遵守一些基本原则。在自己阅读过的图书当中，选择最打动自己，或者让自己收获最大的一本书，而不必刻意去选择畅销书或作者知名度很高的书，畅销和知名度都不足以建立你与听众的连接。选择让你获益匪浅、感人肺腑的书，是在讲书时建立与听众关系的有效前提。

2. 讲什么内容

《演讲的力量》一书的作者、TED的创始人克里斯·安德森说过这样一段话：

"改变人们对这个世界认识的任何东西都可以被称为思想。任何一个人，只要拥有值得分享的思想，就能发表精彩的演讲。在公共演讲中，唯一真正重要的东西不是自信，不是舞台展示，也不是流利的语言，而是有价值的思想。"

现在，提到演讲，很多人就会说故事思维，故事是在演讲中经常被使用的形式。但是，讲书的目的不是送给听众一个有趣的故事，而是要把向听众传递有价值的思想作为目标。这是TED一直奉行的价值观，我也发自内心地认同。演讲类图书几乎都会提及故事演讲，对故事的作用也给予了极高的评价，并从生物学角度诠释人类是如何被故事驱使的。这造成很多演讲者过度沉迷于故事，为打动人心而演讲，从而过度修饰情节，导致听众把演讲看作表演。作为一种思想的载体，书本身就充满了价值，作为讲书人，如何将书中的价值巧妙地分享给听众，值得花时间研究，而不能舍本逐末，过于追求形式。在有了思想价值之后，选择不同的形式去表达思想，才是大道至简的做法。

很多讲书人，在一场演讲中分享了过多的内容，提到很多东西，但又不够精深，所以很难彻底打动听众，听众的注意力也就无法高度集中。听这样的人讲书就会让人感到疲劳。伟大的创作取决于作者删减文字的能力，这是作家理查德·巴赫的观点；对于讲书来说，也是一样的道理。我们要在内心不断叩问：我的核心观点是什么？我想阐述什么价值？我想解决什么问题？我想给他人带来什么启发？对于无关紧要的内容，要将其果断地删掉。

3. 讲稿怎么准备

一个好的框架，将使讲书脉络清晰，就好像一部戏剧的脚本，每一步都有精心的设计。关于讲书稿，我们可以使用完整的稿件，也可以使用演讲框架指引，即兴演讲，每个人根据自己的情况来决定。无论采取哪种方式，我们都需要事先精心准备。

（1）*确定主题*

回答三个问题：

- 这本书的核心价值是什么？
- 这本书打动我的原因是什么？
- 听完我讲的这本书，听众能收获什么？

通过回答这三个问题来策划讲书的主题，这也是自己的核心观点。主题不宜过长，最好聚焦在作者的核心观点上，将其概括为一个关键词，但不宜采用网络爆文的主题形式，否则会显得浮夸，失去说服力。站在讲台上的你才是一切的核心，不能指望靠主题就能吸引听众。我的意思是，不要过度包装主题，主题和内容都要生动有趣，都要重视。

（2）确定支撑主题的三个分主题或者分论点

这些可以从书的目录中选取。在读完一本书之后，如果做了很多标记，甚至写了阅读心得，那就很容易找到有价值的内容。从书中找出三处对主题起支撑作用的内容，将分主题和分论点概括成三个关键词，然后再写成三个精练的句子。从相关章节或自身经历中寻找素材来支撑相应的分主题和分论点。

（3）沿着主题和分主题或分论点讲书的思路，尝试得出结论

这个结论更多来自你的感想与收获，它可以是一个升华的认识、一个新颖的想法、一个行动的号召。

（4）试讲

TED创始人克里斯·安德森在《演讲的力量》中建议，要想象自己面对的是自己真正喜欢的人，你正在为他演讲，你要让他听你演讲，就像你在跟他对话一样自然。这真的是一个非常不错的建议。除了这个方法，我们对着镜子或者自己的手机练习讲书，更切实可行。

（5）整理讲稿

对于最终选择完整讲稿的演讲者来说，将自己录音多遍的文字稿整理成最满意的讲书稿，也没有什么问题。尽量反复尝试去讲这个文字稿，直到自己烂熟于心。然后，开始脱稿练习，直到你觉得这个稿件的思想已经融进自己的血液中，自己真心想把从书中得到的收获分享给更多的听众时，讲书的时机就趋于成熟了。

说完了如何讲书，再来谈一谈如何策划讲书大赛。

策划讲书大赛

讲书融合了阅读和演讲，一个人首先要精读一本书或者一个主题系列，再对内容进行梳理，将其整理成一篇讲书稿，然后再用演讲形式分享给大家。

有人会问：讲书和内部培训有什么区别？讲书更多体现的是读者与作者之间的思想碰撞、个体经验与图书内容的互相印证，更多的是价值观和经验的分享。讲书注重个体与书的互动，个体学以致用。内部培训更多针对企业对员工能力提升的需求。两者在关注焦点上有比较大的区别，当然也有重叠部分，如一些通用知识。

在企业内部组织讲书比赛，可以提高员工的阅读和演讲能力，还能提高员工的写作和沟通能力，以及书中知识在工作中的运用度。企业读书会运营到成熟期，品牌项目首推讲书，策划活动首推讲书人评选，这也是员工能力提升、企业文化塑造、员工风采展示的经典项目。

讲书大赛的策划有四个关键点。

1. 启动时机

企业创办读书会之后，首要任务是营造氛围、让员工养成读书习惯，所以最初不适宜推动讲书大赛。在阅读打卡、读书沙龙等活动已经运作至少半年以上（一般在1年以上）时，就会从各种读书活动中涌现出一批爱阅读、爱分享的员工，这时候就需要为他们提供一个展示的舞台，让他们通过自己的分享影响周围的人。

2. 赛制策划

根据企业规模、企业内部的阅读氛围、活动参与度来制定赛制，如果企业规模比较大，分公司较多，就适合将比赛分为海选、晋级赛、半决赛和决赛几个阶段，依次选拔优秀的讲书人。

3. 培训安排

在讲书比赛中，我建议加入对阅读和演讲两种能力的培训，切实提高员工的阅读表达能力，让员工在参加活动的过程中真正得到提高，为员工创造价值，增加员工对企业的价值认同，同时服务于本部门的工作目标。

4. 奖励机制

（1）荣誉激励

设计一些讲书人的特色称谓，分级评选讲书资质，通过荣誉激励的形式，增加讲书人的荣誉感和成就感。依靠大赛培养的人才队伍，推动建设强烈的阅读文化氛围。来自各条线、各个职级的人才，平等地向大家传递阅读的价值，对广大员工具有潜在的深远影响。

（2）实物激励

根据企业的预算，提供实物奖励，增加获奖者的阅读收获感，形成正向激励模式，吸引更多的人参加。讲书大赛可以连续举办，从而将其做成企业内部的特色品牌。

阅读能力是一个人基本学习能力的体现。通过讲书活动，推动员工养成阅读习惯，提升自主学习的能力，对于企业发展意义深远。

5.7

📖 阅读拓展：如何开展团队阅读，快速产出

你是不是很好奇，阅读拓展是什么？阅读拓展是我提出的一个新说法。说到拓展活动，大家并不陌生，很多企业将其用在团队建设上，用来磨合团队，提高员工沟通、协作的能力。拓展类的团队建设活动一般分小组进行，小组自我管理，小组成员通过合作来完成小组任务。在拓展的过程中，每个参加者都要彼此信任，面对冲突，共同解决问题。

把阅读与拓展相结合，是团队建设的一种新尝试，也是有别于户外拓展活动的一种新体验。阅读拓展聚焦阅读和任务目标，通过快速阅读、发散思维、系统思考、归纳总结和主题演讲来完成小组的任务目标。

阅读拓展怎么实施呢？

1. 选定一个关键词

选的关键词要与企业当年的战略目标、工作重点和团队任务密切相关，如组织变革、创新、业绩指标、新媒体营销等。

2. 筛选书单

为了让大家不受限于自己的偏好，同时不受限于过于狭窄的指定书目，我建议根据参加阅读拓展活动的人数，提供超过人数2倍的图书书单内容，进行有限的开放性选择。我在设计阅读拓展活动时，书单中有200本书，我会将其分为20类，每类10本，以此作为通用书单。企业可以根据所选的关键词制作书单。在制作书单时要注意，除了直接相关的类别，尽量覆盖一些看似不相关的类别，为大家提供创意空间。

3. 团队分组

每组以6～8人为宜，现场可以安排6～8组，推选一名组长。

4. 选书

组长通过抽签选择图书类别，体现图书类别与关键词的随机性和图书类别分配的公平性。组员从本组的图书类别中选择一本书。书单中的图书，有的与关键词关系贴近，有的看似无关，需要现场参加活动的员工，通过阅读思考快速建立与本期关键词的连接。

5. 阅读培训

这个环节请阅读拓展师进行阅读培训，包括快速阅读的方法和记录阅读笔记的方法、讲书的逻辑框架和现场分享技巧等。如果没有这个环节，就直接进入现场阅读阶段。

6. 现场阅读

安排3小时的现场阅读时间，进行沉浸式阅读。大家一边阅读一边做笔记，为后期分享做准备。

7. 小组分享

每人用5分钟分享图书要点，与本期主题关键词进行连接。

8. 小组讨论

安排30分钟时间，讨论每个人阅读的图书如何与本期主题连接，并将大家分享的内容整合在一起，确定演讲主题，梳理演讲框架。

9. 小组代表演讲

每组10分钟，现场演讲，分享小组讨论的结果。这一环节用以展示小组阅读学习的成果，可以邀请评委打分。

讨论阶段有角色分工，如队长、记录员、分享人等不同角色，每个员工都会参加整个过程。大家在这个过程中快速输入、思考和产出，从树叶到树枝和树干，每个人从阅读中获得的知识快速产出，形成一棵大树。

每个参加者都是一本书的价值代言人，也是自己观点的原创者，同时又是小组产出成果的贡献者。这样一个创意和思考的过程，每位参加者都会深度参加，在碰撞中打破思维的边界。

对于举办阅读拓展活动的人来说，图书的阅读量、多角度的思维力、对问题的洞察力都非常重要；如果能够对参加者提供阅读和演讲方面的培训，将会使阅读拓展活动更加顺利。

阅读拓展比情景阅读更需要前期策划和现场把控，在具体实施中，在活动开始前组织线上或者线下的规则和玩法说明，对于活动的成功举办会有帮助。

阅读拓展的价值

我为什么会策划阅读拓展活动，阅读拓展的价值到底有哪些？

1. 提高阅读力

把员工集中在一起，在约定的时间阅读选定的图书，通过目标驱动，提高大家获取信息的效率，再加上专业的阅读培训，让员工能够学以致用。

2. 提高思考力

阅读过程会促使每个人思考，总结归纳书中的要点，实现知识的快速输入。

3. 提高连接力

每个人对阅读的图书进行提炼，将书中有价值的内容与主题关键词进行关联，进而提出自己的观点，打破思维高墙。

4. 提高演讲力

演讲并不是越短越简单，时间短对演讲者的要求更高。如果要用很短的时间讲清楚自己的观点、主张和故事，并打动听众，那就需要刻苦练习。

5. 提高凝聚力

在对知识的学习和重建中，人们会迸发出创意的火花。从不同的角度思考问题，能够使团队成员发现集体思考的力量，从而提高团队的凝聚力和向心力。

阅读拓展活动比传统的户外拓展活动有更多的应用场景，例如，传播企业文化、打破部门壁垒。从供方市场来说，很少有企业在群体阅读产品上狠下功夫，开发有价值的新产品。用阅读拓展活动推动群体阅读，需要打破"阅读是私人的事"这种传统认知。阅读拓展活动可以改变组织认知、组织习惯和组织行为，推动学习型组织的形成。

策划完各种线上、线下的有趣的或目标清晰的阅读活动，是不是就表示企业读书会的主要工作完成了呢？阅读活动只是实现目标的方式，仅是企业读书会的一部分工作内容，还有几个企业读书会重要的工作内容会在接下来的章节里分享。

〔第六章〕

§

宣传推广三大思维

对于个体来说，

阅读不是刚需；

对于企业来说，

如果没有跟具体的需求结合，

阅读看起来也不是刚需。

这就如同向目标客户推广一款非刚需的产品，

前期的宣传推广工作需要步步到位。

.
.
.

我们需要从品牌思维、营销思维和产品思维三个角度来提高企业读书会的内部影响力。品牌思维有助于提高企业读书会的整体知名度，让其深入人心；营销思维有助于提高员工的整体阅读认知，做足体验；产品思维有助于阅读创造出落地价值，聚焦需求。三种思维联合应用，可以在企业内部形成对企业读书会的系统认知，为在企业内部长期推广读书会、打造企业的学习生态，提供三大支柱。

6.1

📖 **品牌思维：如何策划过目不忘的
读书会品牌**

企业读书会为什么需要品牌

说到品牌，我们自然会联想到各种各样的产品，而企业读书会是一款面向企业内部的需要长期营销推广的特殊产品。这款产品非刚需，用户痛点不明确，对员工自律性要求高，要求必须参加互动，短期收益不明显，长期收益不清晰，占用时间长……这些都是企业读书会面临的实际问题。

这样一款高难度的产品，如何在企业内部打造出品牌，吸引员工关注并且使用和体验呢？

企业内部跟阅读有关的项目其实不少，如装修精美、藏书颇丰的企业图书馆。很多企业图书馆开馆之后，图书阅读率一般为5%～10%，甚至有的企业图书馆几乎无人问津，成千上万册图书都尘封于书架。例如，为企业中高层购买的阅读会员或者电子阅读卡，很多卡还没有在对应平台注册，就已经过期了；很多企业统一给高管发书，一买一大批，是否有人读不知道，是否有收获也不清楚；还有的企业组织的内部阅读活动，开始挂牌揭幕，领导致辞，风光无限，此后人气越来越低，最终停办。这些问题都需要通过打造品牌、重构体系和系统运营来解决。

企业内部阅读现状

综合各种现实情况，企业内部的阅读现状有以下几个特点。

1. 观念陈旧

阅读载体从单纯纸质书过渡到纸质书与电子书、音频书和讲书视频等共存，这是大势所趋，所以需要人们调整对阅读的认知。

2. 品牌稀缺

企业读书会目前呈现快速增长的市场需求，很多企业想做读书会，但没有足够的品牌意识。有的企业已经开始运营企业读书会，但品牌支撑比较薄弱，运营体系和架构也不健全，阅读很难为企业和员工创造实际的价值。

3. 内容消费

企业引入各大平台成熟的阅读产品，买一批书、电子阅读卡或者听书卡，更像在商城购买了一批精神消费品。这种消费行为是大家熟悉的，但并没有有效的监督。如果要监督，怎么监督比较合理？企业怕加重员工负担，这种想法从何而来？企业使用的平台是否提供数据支撑，其数据细化到什么程度，是否提供数据分析报告？员工的阅读行为和习惯怎么解决？企业内部的阅读氛围如何营造？这些问题，书商和电子书商城都没有帮企业彻底解决，这也是图书和内容平台的瓶颈。它们的业务规模很大，但用户续费并不理想。

4. 缺乏规划

很多企业在内部推广阅读，还处在尝试推广阶段或者兴趣小组阶段，并没有清晰的效果跟踪和数据反馈。企业的阅读推广动作零散而没有深层逻辑，没有中长期的系统规划。

随着阅读载体的变迁，我认为，通过图片、文字、音频和视频的形式获取有价值内容的过程，就是现代意义上的阅读。

引导人们重新认识阅读，是企业内部阅读推广的先导动作；让人们从观念上改变对阅读的认识，是阅读推广的开始。

很多人对此表示质疑，我们不妨来比较一下：在跑步成为流行趋势前，没有人相信马拉松运动会这么火；在阅读成为流行的生活方式前，大家也不会认为每天可以坚持阅读。从浅层次讲，这跟流行趋势和群体需求有关；从深层次讲，这跟社会风气和文化风向有关。不过，个体、企业和社会，对阅读具有价值的基础共识还是有的。

阅读的价值可以被简单概括为学习知识、陶冶情操、启迪智慧、激发思想。阅读的过程是一个不断形成禁锢又不断打破禁锢的过程。时代在不断进步，科技的发达让阅读有了多样化的形式，从"红袖添香夜读书"到"早上开车听讲书"，阅读活动显得五彩斑斓。

在这样的现状下，企业读书会就需要品牌来引领，并进行创新，为目标群体带来全新的阅读体验，提高其阅读能力，并解决普遍存在的阅读问题。

创建出品牌，是企业读书会长期运营的关键，也是起点。接下来，我们一起来探讨一下如何策划企业读书会的品牌。

策划企业读书会品牌

1. 品牌命名

根据企业的愿景、价值观和企业读书会的定位来选择核心关键词，创建品牌名称。为企业读书会取一个跟企业品牌相关，又朗朗上口的名字，使其更容易广泛地在内部传播。

例如，在我们为某大型电气公司的企业读书会设计品牌时，选择博览群书的"博"字作为关键字，后来该企业服务客户的阅读品牌叫"博阅会"，这个品牌目前已经使用了超过7年。

在帮助上海某街道策划阅读品牌时，该街道的名字里有吉祥的"吉"字，我们就选择了"吉"作为创意出发点，后来该品牌定名"吉时阅"，取"及时当勉励，岁月不等人"的意蕴，将"及时"的"及"换成"吉时"的"吉"。

2. 品牌诠释

企业读书会仅有一个朗朗上口的名字是远远不够的，还要对品牌深度诠释，解读出品牌的内涵。其中，与企业文化密切结合是品牌诠释的主要方向。

在为上海的一家企业做企业读书会品牌策划时，我考虑到这家企业在上海比较有代表性，就像东方明珠是上海的地标性建筑一样，于是打算在这上面展开创意。那段时间，我脑海里总会浮现"海上升明月"这句诗。有一天，灵光乍现，我想到了夜明珠。在地球生命早期，有一些发光物质随火山岩浆喷发出来，含有这些发光物质的石头，经过加工，在白色荧光灯下一照就发射出美丽的荧光。阅读是一个日积月累的过程，需要时间沉淀，才能激发出耀眼的光芒，这跟夜明珠的形成过程非常相似。

夜明珠的光芒就像阅读带给人们的思想之光，为人们的心灵提供指引；上海是东方的夜明珠，其本身具有鲜明的标志性。综合这几层意思，我在后来的提案里就取了"夜"的谐音——"阅读"的"阅"。"阅明珠"这个品牌名称一提出就受到大家的一致喜爱。最后，这家企业选择了"阅明珠"作为内部读书会的品牌名称。

3. 品牌设计

有了品牌名称，就该进入品牌标志的设计阶段了。企业读书会的标志一般与企业品牌的风格、品牌内涵、阅读意蕴、企业建筑特点和地理位置等有关。

4. 宣传语创意

品牌宣传语就像企业提倡阅读的口号，让大家能够更加清晰地理解品牌的价值，它像企业的价值观，也像产品传递给客户的核心价值。举例来说，国家推广全民阅读，大力提倡"多读书，读好书，善读书"，把学习作为一种追求、一种爱好、一种健康的生活方式。有一家大型国有银行的全员阅读品牌就选择了这句众人熟知的话作为企业读书会的品牌宣传语。在设计企业读书会的品牌宣传语时，选择有影响力的古今大家的名言，也不失为一种具有普遍适用性的选择。

品牌浓缩精华，在企业内部推广读书会，创立品牌是价值聚焦的关键一步。我希望大家活学活用，创造出专属于自己的企业读书会品牌。

6.2

📖 营销思维：如何全方位传播
并吸引员工

企业读书会很像企业内部的一款非刚需文化产品，要让员工付出时间体验甚至使用这款产品，必须十分关注员工的需求和价值体验。同时，当你把它当作一款产品来研发和推广时，就会发现做事的心态与以往相比，也有了美妙的变化。工作任务过多依赖权力部门推动，而阅读并非如此，因为只有当个体的主动行为发生时，阅读才真正有意义。

如何在企业内部推广企业读书会

1. 品牌宣传片

将品牌宣传片在企业内部的流媒体上反复播放，如楼宇内外的电视屏广告、一楼大厅的大屏幕，这样一方面可以影响企业员工，另一方面也可以对外展示企业的文化形象，可谓一举两得。

2. 宣传海报、手册、易拉宝及网文

虽然现在的宣传手法都偏网络化了，但传统宣传方式就像地推部

队，依然对目标群体有直接的影响，它们可以结合网文一起发挥更大的作用。

3. 品牌文创

印有品牌标志和价值观的帆布袋、笔记本、笔、杯子、笔盒、书签等各种性价比较高的文创产品，一方面可以使用，另一方面也能够传播品牌形象，形成广泛的影响。

4. 图书馆和读书角、微书架

在图书馆和读书角、微书架展示企业读书会的标志和阅读价值观，传播迅速而广泛。

5. 调研推广

很多企业往往忽视前期调研阶段的宣传工作，而调研是企业读书会在企业内部最好的宣传推广方式，一方面可以了解员工需求，另一方面也可以让员工对读书会有初步的认知，形成产品营销的前期效应。

制定推广目标

如何制定推广目标？在企业读书会创办初期，一般有以下几个推广重点。

1. 提高品牌知名度

企业成立读书会，需要向全体员工广而告之；除此之外，需要重点宣传企业读书会的组织形式、价值和激励机制，吸引大家参加。

2. 招募志愿团队

每家企业的读书会，都需要有团队来策划和运营，一般需要3～5个核心骨干。外部专业机构能够帮助内部团队提高专业能力，提高运作效率。

3. 招募读书会会员

招募读书会会员是企业运营读书会的关键，针对会员做好宣传、激励规划，是吸收和留住会员的关键。

4. 树立阅读标杆

在会员中招募爱读书的员工，将其作为标杆与团队成员一起重点培养，他们将成为企业读书会的核心支撑力量。

制作企业读书会宣传片

为什么企业读书会要做宣传片呢？

为什么其他项目很少用宣传片，而企业读书会特别需要宣传片呢？

1. 为何制作宣传片

（1）理念创新

对阅读的传统认知制约了人们的阅读行为，我们需要导入新的认知和文化理念。

对于阅读，很多人的认识还比较陈旧。例如，不管什么书都逐字逐句地阅读、强迫自己读完一本书、在心理上不接受碎片化阅读、总觉得自己没有时间阅读、只阅读自己感兴趣的领域，这些都制约着一个人的阅读视野和能力。我们需要借助宣传片，打破人们对于阅读的认知误区，形成与时俱进的阅读理念。

（2）模式创新

企业读书会面向全体员工，需要广泛宣传，引起所有员工的注意。

企业成立面向全体员工的读书会，必须让所有的员工知道它的目的、组织形式和参加形式，以及自己能够从中获得什么。这些都可以通过宣传片向所有的员工讲述清楚。我们对企业读书会的认识要系统全面，它与过往的学习项目甚至其他企业的文化项目有差异，要让其更加深入人心。

（3）长效机制

企业读书会是需要长期运营的项目，需要企业投入精力，全面推广。

企业读书会的价值不是短期的，需要通过长期系统运营来实现。在加大宣传力度的同时，我们要让员工体会到它的真正价值和意义，在参加的过程中见证自己的转变和成长，而这些都需要时间积累。在企业读书会的宣传片中，必须具有关于时间和价值的长期认知。

2. 如何创作企业读书会的宣传脚本？

（1）推动者致辞

在宣传片中发布推动者的致辞——阅读感言、对员工个体阅读和组织成长的期许，借助推动者的影响力，提高员工对企业读书会的重视度。

（2）阅读价值的宣导

在自媒体时代，信息暴增，筛选图书并获得有价值的信息，是个体必备的技能。阅读有何价值，需要有顺应时代的全新诠释，而"员工成长"是最有说服力的关键词。

（3）活动形式创新

设计深受员工喜爱的阅读活动，并将价值与活动深度关联，让每次参加的人都有参加感和价值感。这是活动创新需要考虑的，也是宣传的重点。

（4）员工代表感言

员工对于阅读有什么期待呢？选三五个员工或者团队，用一句话讲述自己的期待或收获，比较适合。

（5）升华企业文化

企业读书会对于企业文化和员工成长都有价值。如果通过企业读书会宣导企业文化，提升企业文化的影响力，那么在脚本中需要非常凝练地将其表达出来。

当脚本完成后，对其进行修改，如果需要拍摄相关内容，时长可以在3分钟以内。可以在企业内部的广告屏幕上反复播放视频广告，让大家快速对企业读书会有比较深入的了解。

企业读书会的宣传片可以在企业读书会运营半年之后再制作，或者更新，增加实际场景素材，展示阶段性成果，也可以每年更新一次，不断优化。企业读书会的品牌标志和价值观不要轻易改变，所以在制作之前要深思熟虑。

6.3

📖 **产品思维：如何运用产品思维做好企业读书会**

互联网行业快速发展，促使很多新词不断产生，例如互联网思维、设计思维、创新思维、用户思维，产品思维也是其中之一。当我们探讨客户需求的时候，产品思维成为越来越频繁被提及的词。我们运用产品思维发现问题、寻找原因、提供产品来满足需求。并不是人人都要去做产品经理，但人人都应该拥有产品思维。

简单来说，我们可以运用产品思维提出三个方面的问题：第一，问题对象（目标用户）是谁？第二，你面对的是什么问题，背后有什么需求？第三，提供什么产品和服务来满足需求？核心卖点（满足核心诉求的价值点）是什么，怎么用简单、直接的一句话将其概括出来？新问题不断涌现，而产品是有生命周期的。运用产品思维看问题，能够让一个人具备深度思考和解决问题的能力。

运用产品思维看待企业读书会

用产品思维来看企业读书会——它是一款面向企业全体员工、注重体验和价值收益的产品，具有所有产品的共同属性。

1. 基于需求设计

任何产品的出现都是为了满足某种需求，或者解决客户的某个痛点。作为一种解决问题、提升能力、进行兴趣体验和获得精神满足的行为，阅读也需要满足用户的这些需求。同时，企业有企业的需求，个体有个体的需求，策划实施部门还要实现双方需求的平衡。

2. 关注目标群体的特性

针对不同的用户画像，设计产品的思路也有显著的不同。年轻人更加注重趣味和体验，同时获得知识和技能，而年长的人更注重去伪存真。虽然不能一概而论，但从群体普遍特点上分析，群体还是有共性可寻的。在设计产品的时候，要针对不同的群体进行设计。

3. 市场竞争意识

这一点在设计读书会时一定要考虑，因为这是最容易被忽略的。人们下班可以看视频，为什么还要看书？这个问题体现了休闲和成长在注意力上的竞争。人们可以看自己喜欢的书，为什么读企业安排的书？这个问题体现了价值和兴趣在需求上的竞争。我们要抢夺用户的注意力，推动企业读书会发展，必须有竞争意识，保证项目能够切实落地。

4. 阅读的价值

作为用户，企业员工付出时间和精力参加阅读活动。所以，我们要把在单位时间内为参加者创造更高的价值放在第一位。不管从有用之书得到收获，还是从"无用"之书得到启迪，它们都是阅读价值的体现。

5. 忠诚的用户关系

用户的稳定性、成长性与产品体系的构架密切相关。阅读是个人成长的长期行为，阅读产品不是单一产品，而是产品体系，能够从不同阶段满足用户的成长需求。个体阅读是企业阅读的基础，个体成长是企业发展的基石。

了解企业读书会的产品属性，我们就可以用产品思维来经营企业读书会了。这种思维模式跳出了传统的管理模式框架和内部任务落地的流程，从企业读书会成立之初就锁定内部用户和客户，用户就是企业读书会面向的重点人群乃至全体员工，而客户就是推动企业读书会成立的领导、为企业读书会提供经费的人。有了对这两个角色的界定，我们就可以在挖掘需求的时候，有更清晰的目标和方向。例如，客户更关注价值的实现和投入产出比，用户更注重体验和个体收益。

企业读书会的营销推广工具

当我们把企业读书会当作一款产品来做时，就可以运用营销思维，设计制作一些营销推广工具。

1. 书腰

企业读书会可以分层、分类地为不同层级的管理者或员工配备图书。虽然电子书已经融入人们的生活，但纸质图书因其阅读质感和便捷性，依然受到人们的欢迎。定制书腰，用以传播企业读书会的品牌和价值理念，也是企业读书会影响企业中层和高层的一种形式，既能表达人文关怀，又能便捷地将图书提供给对方，增加其对企业读书会的好感和认可度。考虑到成本，如果无法为全体员工提供图书，那么可以为优秀的阅读者提供实体图书。

2. 书签

书签更大的作用是进行品牌宣传和价值传播，可以将其放在企业图书馆的每本书当中，增加大家接触企业读书会的机会。

3. 书摘卡

书摘卡是初级阅读笔记，就像一页纸阅读笔记，可以将其放在图书馆的书摘架上，也可以夹在书中，让大家写阅读心得或者摘抄书中内容，还可以将其放在员工的办公桌上，便于员工抽空写阅读笔记。这种方式的传播力度比较大，当然成本比较高。

4. 读书笔记

企业可以为每位员工发放一本读书笔记，每页设计书名、作者、时间、页码、书摘/心得等内容填写区。读书笔记在整体上可以做得像一本书，将企业品牌和读书会品牌都印刷在封面上。在读书笔记中，可以印刷几页阅读方法、记阅读笔记的方法和讲书的方法等内容。

5. 宣传海报

宣传海报用在需要进行活动宣传的时候，吸引大家参加。海报可以用来传递活动的主题、创意、价值，以及活动的时间和地点等信息。

6. 品牌印章

品牌印章适合有企业图书馆或者组织捐赠活动的企业读书会，印章可以被直接印在书上。

7. 品牌T恤

在企业搞阅读活动或者企业读书月/节的时候，品牌T恤可以用于建立宣传团队，进行统一的品牌识别。

8. 阅读台历

阅读台历可以用于推荐图书，配合企业读书会的全年活动策划，做年度宣传。

9. 阅读活动及赛事传播

阅读活动及赛事的宣传品，需要统一设计和视觉呈现，可以在企业内部快速形成品牌识别和传播。

10. 其他

还有其他一些内部营销载体，例如，有的企业读书会做杯子、雨伞等。当然，企业读书会定制的读书笔记、台历和书摘卡等可以被组合成精美的礼品，赠送给客户。企业读书会是企业内部的文化提升方式，也是企业文化对外输出的呈现形式；重视企业读书会的企业，可以大胆进行创意，使用一些新颖的方式来影响员工、客户和合作伙伴。

除了以上实物类的宣传品，宣传片、摄影作品和短视频也是宣传的手段，喜欢创新的企业可以做一些适合在网络上使用的宣传品。

在发展的过程中，企业读书会初始阶段的知名度宣传最为重要——通过营销宣传，增加企业读书会的知名度和认可度；运用产品思维，增加用户，提升员工的参与度。

§

第七章

构建完善运营体系

跟习惯相关的事情，

都需要长期积累，

企业读书会的运营也是如此。

运营体系的设计、

运营团队的搭建、

运营人才的培养，

是支撑企业读书会长期运营的保障。

在现实情况下，很多企业读书会是负责人自己在运营，很难凭借一人之力完成企业读书会的全部工作。基于这样的现状，招募并培养志愿者运营企业读书会势在必行。在企业读书会不断与企业业务需求相结合、与部门职能相结合之后，才会慢慢出现专职岗位，由此构建完善的运营体系。企业读书会发展到一定规模，其价值不断显性化，就需要专职团队来运营，以产生更大的价值。

7.1

📖 **体系：如何进行企业读书会的
系统规划与架构设计**

　　读书会的外在形式可以体现为各种类型的线上、线下阅读活动，但其内在支撑是什么，可能很多运营者不太清楚。虽然体系看起来不重要，却最终决定了企业读书会的价值和成果，反映出我们对阅读本身、对组织阅读是否有超越形式的理解。

　　阅读习惯不是一天能够养成的，阅读能力也不是短期能够培养的，阅读产出、学以致用更不是能够快速实现的。这些目标对时间的投入，尤其是对较长时间的投入，都提出了一致性要求。企业运营读书会，需要2～3年的沉淀和积累，学习型企业文化的价值才能逐渐显露出。在这个过程中，阅读活动需要持续开展，而不是断断续续，永远处在从零到一的反复阶段，这种反复几乎没有多大意义。人们只有坚持阅读，理解能力才会逐渐增强，阅读速度才会逐渐加快，对知识点的记忆才会加深，这些能力相互促进，这一过程是从点到线、从面到体的价值生长过程。

　　以两年为目标来规划企业读书会，我们可以将其分为以下四个阶段。

第一阶段，前6个月，注重对员工阅读兴趣的培养，把激发阅读兴趣作为活动策划的重心，关注员工生活和工作里遇到的问题，多组织激发兴趣类阅读活动。

第二阶段，第7～12个月，注重培养员工的阅读习惯，重点开展阅读打卡活动，创造条件，促使阅读行为保持下去，培养阅读习惯。

第三阶段，第13～18个月，对员工进行阅读方法培训，提升其阅读能力，使员工在阅读中的收获感和价值感有所增加，进一步强化阅读习惯。

第四阶段，关注阅读输出，组织员工阅读沙龙，举办阅读演讲活动，提升员工的演讲表达能力，促进内部有效沟通。建立企业读书会的前两年将组织阅读的根基打扎实，第三年的重心是阅读成果的产出。例如，举办阅读心得征文比赛、阅读演讲比赛，树立一批阅读标杆和企业领读人，全方位塑造阅读型企业文化。

在企业内部建立读书会，最重要的是目标清晰，落地有法，有节奏、有重点地逐步推进工作。很多企业不是没有预算，而是不懂得企业读书会怎么搞，最后就变成了为买书而买书、为搞活动而搞活动，阅读的价值反而被忽略了。我在很多企业看到过这样的情况，感到非常可惜，所以我把自己的经验和做法整理出来，分享给大家，希望对大家有所帮助。

企业读书会的运营模式

企业读书会的组织形式，一般分为下面两种。

一种是民间型企业读书会，企业让员工自己组织运营，几乎不提供任何经费，全靠热心玩家的兴趣。这样的企业读书会也有运营几年时间的，但多数难以持久。这种企业读书会比较纯粹，形成一个小圈子，大家沉浸其中，没有行政权力干涉，可以真正做到自由自在地阅读分享，员工乐在其中。

另一种是偏行政化的企业读书会，企业拨付一定的经费，搞名家讲座、阅读沙龙或者企业内部读书节等。这种有经费支持的读书会，做得比较辛苦，领导期待比较高，但员工不怎么积极，员工参加活动更多取决于当期主讲嘉宾的知名度或者礼品的价值。主办部门往往是一两个人临时被安排负责这件工作，读书会并不是他们的主要工作，最终落个费力不讨好的下场。

那么，有没有一种模式，既能减轻主办部门的负担，又能发挥阅读爱好者的特长，将企业读书会持久、良性地运作下去呢？

经过对多家企业的调研，我总结出下面的企业读书会运营模式供大家参考。

1. 设计组织架构

没有组织架构的读书会，就是主办部门的操办人员单打独斗。一个人的力量和资源毕竟有限，发挥团队的力量才是做好读书会的关键。

对于企业读书会，我们可以参考在民政局注册的社团组织的架构设计，设会长、副会长、秘书长等职务。

企业读书会的会长和副会长可以邀请读书会负责部门或者喜欢阅读的领导担任，以使读书会得到领导的足够重视，获得足够的支持。秘书长负责企业读书会的实际运营工作。

2. 制订激励计划

由于企业读书会的事务不是负责人员的本职工作，所以企业应给他们一定的精神方面和物质方面的激励。对于阅读爱好者，企业也要给予激励。

3. 招募团队

企业发布内部招聘信息，发布企业读书会岗位职能要求及激励政策，吸引员工参加。企业向企业读书会的团队成员发放聘书，增加其岗位责任心和使命感，聘期一年。团队设立晋升机制和轮值计划，让人才在各个岗位之间流动，包括秘书长职务。

4. 志愿者成长计划

企业向团队志愿者提供系统培训，使其了解企业读书会的运作模式，提升相应岗位的效率和产出能力，培养高绩效的运作团队，促使志愿者在3～6个月的时间里实现组织、策划、协作、创新和阅读能力的提升。

5. 成果展示

企业读书会每年举办一次成果展示活动，通过征文、朗读、演讲、脱口秀、小品等形式，展示员工的阅读学习成果，并进行评选，让爱学习、爱阅读的优秀员工脱颖而出。成果展示活动还可以展现员工多方面的才华，以及积极向上的企业文化。

最后，为企业读书会团队和优秀个人颁发相关荣誉证书并给予奖励，真正让读书会成为企业员工全方位成长的平台，带给企业旺盛的活力。

7.2

📖 团队：运营团队如何分工及培养

    企业成立读书会，需要孵化运营团队；从企业读书会成立到团队成熟，需要一个孵化培养的过程。很多企业可能没办法在读书会成立之初就高举高打地组建岗位分工明确、人员齐整的运营团队，主办部门作为推手，推动企业读书会从零到一，这就需要一个孵化期。这个时间一般需要3～6个月，可以面向全体员工招募，也可以在活动组织过程中发现企业读书会的运营人才和可以树立为标杆的阅读达人。我特别建议，孵化期尽量不要超过一年，否则大家的思维模式很容易固化，一旦运作模式形成，就很难改变大家的认知和参与度，也很难实现企业读书会自主运作的目的。

    我这里提到的运营团队，是立足企业读书会的长远发展，以专业为要求、以价值为目标而设计的。

    团队成长有两条专业成长线：一条是组织运营专业，就像企业内部的部门分工，运营团队依靠每个人的专长，分工协作；另一条是阅读专业，就像企业内部的专家，"专家"团队成员阅读量大、有长期阅读习惯，并有很强的阅读能力。这两条专业成长线，起初可能都没有特别优秀的人才，即使有可能也没有把精力投入读书会。在组建读书会的运营团队时，如何激发参加者的积极性，必要的激励政策就显得很重要。

企业读书会的组织架构

下图是根据读书会长期发展的目标和需求，设计的组织架构。

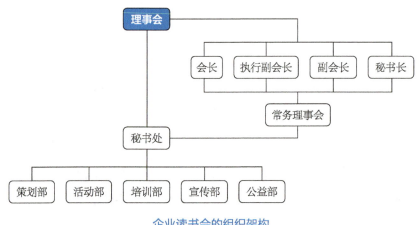

企业读书会的组织架构

1. 理事会

很多企业开始组建读书会，透露出的信息是大家随便玩，企业没有预算，没有组织架构，没有清晰的目标。作为一款具有"三无"背景的边缘产品，这种企业读书会很难取得企业资源和员工重视，很快就会消失。

企业读书会成立理事会，就是要坚定地把读书会的推动者和倡导者发动起来，为读书会的重要性和长期发展背书。如果要提高员工的重视度，就宣传读书会的推动者和倡导者的支持度，提高员工的参与度，这是最简单的借力打力的方法。在理事会机制下，管理读书会的高层的注意力、参与度及资源匹配度，是读书会成功的关键。

这个模式解决了几个问题：第一，解决领导推荐的图书不能被员工有效阅读的问题，在理事会的推动下，领导和员工取得相应的身份和角色，为实现组织目标打下基础；第二，确定领导推动成立读书会不是随口说说，而是决定把这项工作作为员工学习和组织发展的方式；第三，有理事会支持，可以为读书会争取到更多的资源，满足企业读书会发展的需求。

2. 秘书处

企业读书会主要的运营工作由秘书处完成。秘书处设秘书长和重要运营部门/岗位的部长，大家各司其职，分工合作。各岗位分工及职责描述如下：

（1）秘书长

岗位职责描述：

① 落实理事会的决议，并在理事会领导下，主持读书会的运营工作。

② 对读书会的年度工作进行总结，并制订读书会的年度工作计划，提交理事会审核。

③ 提名副秘书长及各部门负责人，并报理事会审批。

④ 全面负责读书会的年度运营工作，为读书会的运营目标负责。

⑤ 组织召开读书会运营会议，落实各项重点工作，并协调读书会需要的资源支持。

（2）宣传部

岗位职责描述：

① 负责读书会相关宣传平台的组稿、编辑和发布等工作。

② 负责读书会品牌和活动的宣传推广，制订宣传推广方案。

③ 负责读书会的宣传海报、道具设计、物料设计等。

④ 负责与读书会相关的新闻报道、活动推文、视频脚本创作等。

⑤ 负责申报读书会相关的社会奖项。

（3）**策划部**

岗位职责描述：

① 负责全体员工或目标对象的阅读需求调研，提交分析报告。

② 根据读书会的运营目标，策划线上、线下的读书会活动，包含目标、主题、形式、流程等。

③ 制作读书会需要的书单。

（4）**活动部**

岗位职责描述：

① 负责线下活动的场地安排、组织实施和成本管理。

② 负责线上阅读平台、社群和小程序的运营，通过各种形式提高人气。

③ 每场活动完成后，提交活动总结报告。

④ 负责大型阅读赛事活动的流程监控和整体执行。

（5）**培训部**

岗位职责描述：

① 负责读书会运营团队和读书会会员的培训工作。

② 设计符合企业需求的读书会运营团队的培训课程，提高读书会运作的效率。

③ 负责读书会会员的培训工作，帮助爱阅读的员工系统地提高阅读能力。

④ 提交培训总结报告，对读书会相关培训的结果负责。

（6）公益部

岗位职责描述：

① 落实企业的社会责任，主导与公益阅读相关的活动策划。

② 负责公益阅读活动的组织，并进行全流程管理。

③ 撰写企业公益阅读项目的宣传稿。

有了理事会的支持和秘书处的具体执行，企业读书会会逐渐成为组织内部学习和员工成长的平台，能够培养一批读书会运营人才和爱学习的员工，为组织发展提供人才。这些人才可以逐渐被输送到企业的一些关键岗位进行锻炼，成为企业的后备人才。读书会依托员工的自主学习力，面向未来培养人才，与传统的企业培训截然不同。

整个读书会运营团队的培养需要项目支撑，以战代练。企业可以根据具体需求组织活动，不管是线上还是线下的读书活动，发现其中积极参加的员工，并发掘他们擅长的领域和潜力。根据岗位需求，招募这些人到读书会相关岗位实习。这个时候，可能遇到这样的情况：员工不了解企业读书会的实际职责，抑或担心企业读书会的具体工作会占用很多时间或影响正常工作，有些人可能会委婉地拒绝邀请。这时企业读书会要反思自己的项目宣传和定位是否足够清晰，是否体现了领导的重视、平台的价值和这个项目对个体能力提升的重要意义，是否有助于调动员工的参加积极性。

很多企业读书会在招聘新人时，会遇到这样的情况：前期的动员和宣传工作没做到位，导致大家不能充分认识参加读书会运营工作的真正价值。这些问题的出现，再一次说明，运作企业读书会是一个系统工程，不是简单组织一些活动就完事。读书会比在企业内部搞培训项目更有挑战性——培训项目内容是通识，领导重视、经费充足、机会稀缺，很多人不管是被动还是主动，都会积极参加；而企业读书会，从领导到普通员工，普遍欠缺认知。不改变领导和员工的认知，企业读书会在成立之初就会阻力重重。

企业读书会初创时期的重点工作

在前期的团队孵化过程中，可以重点做以下几件事情。

1. 发现人才，积极让其参加运营

参加并亲身体验是改变一个人认知的最好的方式。让人们发挥创意和潜能，为读书会的发展出谋划策，担任创始团队的重要角色，会增加其参加感和认同度。

2. 将合适的人放在合适的位置

根据读书会的岗位需求，让合适的人担任合适的角色，能够增加团队的稳定性。有的企业读书会很容易招募到志愿者，但志愿者很快就发现团队有名无实。为避免这种情况，要明确分工，合理配置岗位，明确激励措施。

3. 提升岗位能力

与外部策划团队一起，对企业读书会工作人员进行培训，提升每个志愿者的任职能力。胜任带来成就感，也使人得到进步的喜悦。这种能

力同时也会体现在员工的本职工作中，带来双重收益。

4. 提高阅读、演讲、写作等与阅读相关的能力

通过专业培训，提高运营团队的综合阅读能力，为参加的志愿者切切实实带来价值的提升，产生口碑效应。大家有目共睹，见证了志愿者能力的变化，使企业读书会在企业内部获得影响力。

企业读书会内部团队孵化，可以被综合定位为企业内部优秀员工培养的综合性项目，第一批员工培养完成，会吸引第二批员工积极参加，一方面为读书会的运营培养人才，另一方面也为企业发展输送人才，成为企业培养员工的新形式。

7.3

📖 培训：阅读能力如何系统提升

企业读书会的一项重要工作是帮助员工解决在阅读中遇到的问题，培养阅读习惯，系统提升员工的阅读能力。关于阅读能力系统提升的问题，我将我多年来遇到的问题进行系统梳理，总结出一套实用的方法。

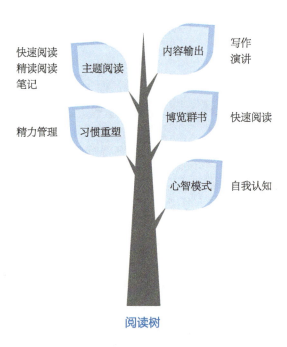

阅读树

改变心智模式，建立自我认知

人们的一些想法往往很有趣，例如下面这些：

- 阅读是有益的。

- 我大学毕业，学历不低，读书对我一点不难。

- 我不读书，只是因为没空。

大部分人都能认识到阅读有利于个人成长和进步，这几乎是人人皆知的共识。但是，真正能够静下心来阅读的人却很少，这就令人深思了。我们对自己的阅读能力非常自信，总是找一些看似合理的理由不阅读，就让阅读变成了挂在嘴上的期待。

我是怎么看待这三个观点的呢？

1. 阅读有益，但还有更有利的事情

我们一边承认阅读的价值，一边忙着更能获取利益的事情；一边渴望长期发展，一边追求眼前利益。只有长期坚持，阅读才能显现效果，太多的人对此没有信心，也没有耐心。斯坦福大学心理学教授米切尔曾经做过一个实验，叫"棉花糖实验"，让孩子们在一个房间里，面对一块棉花糖15分钟。在这个过程中，孩子可以吃掉棉花糖，也可以忍住不吃，没有吃掉棉花糖的孩子，在实验结束后得到两块棉花糖。在这个实验中，有三分之一的孩子在15分钟里没有吃掉棉花糖，后来他们大多很成功，而另外的三分之二的人相对平庸。

在成年之后，我们也面临各种诱惑和考验，在得失之间不断地权衡。尽管我们知道阅读可以修身养性，从中学习技能、掌握理论、开阔视野和激发思想等，益处多多，但我们忙着工作和生活中的各种各样的

事情，并没有把阅读放在重要的优先位置。

如果一个人想提高阅读能力，就要调整阅读在日常事务中的优先级，从无到有，从低到高。

2. 学历并不是阅读能力的衡量标准，阅读本身才是

十几年的求学生涯，让人们具备一定的自学能力和阅读能力。但是，工作之后，很多人并没有持续保持这种能力，以至于阅读速度和理解能力都有所下降。现在网络文章充斥眼球，质量良莠不齐，很多文章为追求曝光量和点击率，刻意满足读者轻松阅读的需求，用语浅薄，表达简单，用词越来越抓眼球。长期阅读这种内容，使人们对文字的认知能力、审美能力和理解能力均有所下降。

当我们尝试阅读一些系统的、严肃的、有一定理解难度的图书时，就会发现自己没法坚持下去，很快就想打瞌睡。这个时候，我们不能再盲目相信自己的阅读能力，再给自己找"今天累了，我想放松一下"这样的理由，应该告诉自己，需要提高阅读能力了。

3. 不读书，不是时间问题，而是注意力选择的问题

很多人拿起一本书翻两页，很快接到一个电话，或者拿起手机看信息，就把书放下了。因此，很多人总是不能读完一本书，时间长了，担心浪费，连书也不买了。在这种时候，我们就需要关注自己的注意力问题，观察一下自己更容易被什么吸引。大脑具有可塑性，如果我们让自己沉浸在吸引自己的事物中，久而久之，就难以逃脱。这里举一个例子：当玩游戏痴迷一段时间后，孩子就无法自拔了。人们需要劳逸结合，但有些娱乐很消耗人的精力，哪怕看短视频，也不会真正让人放

松。相反，阅读、健身、绘画、写作、冥想、弹琴这种起初上手有点难的爱好，才能真正让人安静下来，身心得到彻底放松。

当你发现自己一直在找时间，不能安静下来读书的时候，就需要观察一下自己对注意力的分配了，看看自己的注意力是怎么分配的，是不是自己所想的样子。例如，你想认真工作三小时，结果近一小时是在回手机短信或者邮件信息，在不停地切换注意力。对个体来说，这是相当消耗精力的事情，因为大脑没办法同时高效地处理许多事情，令人疲惫不堪。

这种情况都是注意力分配出了问题，我们需要有意识地进行调整，具体方法可以参考《深度工作》一书，该书给出了四种不同人群适用的沉浸式工作方法。

在阅读这件事情上，我们需要调整一些认知误区，找到问题背后的原因，做出及时而有效的调整，而不是停留在一些表面的理由上，阻挡阅读的脚步。在运作企业读书会的时候，企业需要通过培训影响员工对阅读的认知，先针对渴望阅读而没有阅读的员工，再针对没有阅读渴望的员工，不断地深化，使阅读活动生根发芽。

习惯重新塑造，做好精力管理

在推广阅读的过程中，我会反复提及重新找回阅读习惯。这个提法的原因是，我发现很多人已经丧失了阅读习惯，多年的应试教育使人们习惯于应考式阅读。这让很多人丧失了阅读的乐趣，并未深切地体会到阅读的满足感和沉浸感。九年制义务教育要求学生累计认识常用汉字3500个左右，会写2500个左右，具备阅读基础，但在成年后，人均阅读量并不乐观。这说明，我们在培养孩子的阅读习惯和阅读爱好方面并没有科学合理的理论支撑，缺乏行之有效的方法体系。这就带来了不容回避的问题——我们需要帮助员工重塑阅读习惯。在企业推广阅读的过程中，这属于关键一环。

这么多年，在实践很多方式之后，我发现阅读打卡是激励群体阅读的有效方式。用半年时间，进行有计划的、有目标的、有节奏的、持续的阅读打卡活动，能够重塑员工的阅读习惯。在企业内部推广阅读，是在推动群体阅读，需要发挥群体的优势。

群体阅读有以下几个特点。

1. 群体目标

群体有一个共同的目标，有一定的共识。在群体阅读中，大家有意愿阅读，渴望提高阅读量或者培养阅读习惯。

2. 对比排名

在有阅读排名的群体中，对比心理更强，大家都会关注头部和尾部的个体，对比跟自己身份差不多的人表现如何。在群体阅读中，我们可以设置排名，来发挥对比效应。

3. 选择跟随

有些积极性不高的个体，不想失去和他人共同学习进步的机会。这些人表现一般，也不容易放弃，在阅读推广的起始阶段，这种人是主流。

4. 渴望拔尖

有些人不希望自己成为第一，但希望自己在头部群体中。在阅读中，这些人会产生内驱力，促使自己表现得更好，让同伴或者领导看到自己的优秀表现。我们要充分发挥头部群体的示范作用，因为他们是激活群体阅读的标杆人群。

5. 担心落后

有些人参加群体阅读，不想放弃，当自己比较落后的时候，就积极几天。大家都不想做表现最差的几个人，在排名中也会互相追逐。

很多企业推广阅读，允许大量的人选择参加或不参加。这在起始阶段不是问题，选择参加就是进步。在阅读群建立后，很多人在群里观望或潜水。在这个阶段，非常适合安排阅读方法、阅读笔记和精力管理等方面的在线培训课程，帮助这些沉默的群体，让他们对自己的阅读能力保持信心，并树立个人阅读目标，进而在其他优秀员工的引领下，逐步参加到阅读打卡活动当中来。

很多人没有阅读习惯是因为精力管理有问题，大脑控制自我的能力不强。这就可以搞清楚一个误解——只要有时间，我就能好好阅读。实际上，很多人有大把的时间也不会阅读，更可能会去玩游戏、看电视剧。我们认为自己可以，实际上并不能做到，这种情况，可以简单表达为"你觉得你可以，但你的大脑默认你不可以"。想到和做到之间，隔着大脑对你的信任，我们想改变、想主动阅读、想拥有更好的人生，都需要跟大脑做艰苦的博弈。关于精力管理，我推荐《超级精力管理术》《自控力》《大脑整理术》《大脑赋能术》和《运动改造大脑》几本书，尤其是《大脑整理术》能让你明白行为背后的神经学逻辑。

神经可塑性证明了"用进废退"这一理论，若和某项技能有关的神经元经常被同时激发，那它们会在将来以更快的速度被同时激发。随着某项技能的突出，大脑也会为这项技能留出更多的空间，刺激相应的部位，该部位的神经元就会变得"肥大"。这就像肌肉经过训练会变得结实，不训练会变得萎缩一样。如果要培养一个新习惯，就要长时间训练神经元，而要改掉一个坏习惯就需要长时间抑制神经元，进行反向操作。

大脑重塑，要从大脑的结构、功能和工作原理出发。很多人想改掉一个坏习惯，培养一个新习惯，却一直做不到，这是因为不明白改变习惯的基本原理。盲目执行21天习惯养成计划、90天习惯强化等计划，结束之后能坚持下来的人寥寥无几。

那到底应该怎么做呢？

1. 专注力培养

专注使人的大脑额叶活跃起来，如果不打开大脑的这扇门，是很难重塑大脑的。前额叶皮层是大脑的重要部位，它能够把资源汇聚到个人认为重要的方向上。动机是神经可塑的一个关键要素。除非你真想改变，否则你是不会改变的。每天选择固定的时间做固定的事，是训练专注力的方法。例如，中午12点做1分钟平板撑，晚上10点阅读10分钟等，这都是训练专注力的方法。

2. 刻意练习

反复训练，提高大脑神经元的敏捷性和连接速度。如果是阅读，要保持注意力，刻意阅读，提醒大脑神经元保持高能连接。

3. 习惯养成

身体和大脑遵循自然法则，事情发生，是因为它容易发生。在固定的时间做固定的事，让新习惯成为下意识的动作。在专注力足够，刻意阅读的状态下，坚持一段时间。

4. 持续定律

要让经过重塑的大脑形成潜意识，例如，到了固定的时间就自然而然地让人产生要阅读的想法。重塑大脑，需要坚持一个新行为，直到它变得毫不费力；然后，再去学习新技能，直到它也变得毫不费力。在这个过程中，大脑被反复重塑，最终变得更强。

重塑大脑最简单的方法就是养成一个新习惯，如阅读、健身，这是大脑重塑的发动机。懂得大脑怎样工作，便懂得如何让大脑更好地工作。

被大脑所困，还是让大脑为我所用，你想过这个问题吗？

博览群书，提升快速阅读能力

通过这些年跟踪分析35 ~ 60岁职场精英群体的阅读偏好，我发现他们的阅读爱好比较稳定，集中在经济、管理、历史、文学、哲学、政治、休闲等领域，不会发生太大的变化。在过去10多年组织阅读活动的过程中，我发现23 ~ 35岁群体的阅读喜好一直在变化，很多人因为不同的动机和需求、平台推荐等，选择尝试新的门类。

博览群书是在养成阅读习惯后，每个阅读爱好者必经的阶段，人们会如饥似渴地阅读，打开不同领域的大门，探索不同的知识领域，尽情遨游在知识的星空里。

快速阅读的方法我已经讲过了，总体原则就是，利用书名、序言、目录，快速抓住书中的关键词、逻辑脉络和重点章节，获取自己想学习的内容，而不必追求精细化，完整读完一本书。

进行主题阅读，建立思维框架

在快速阅读大量跨领域的图书之后，你会渴望对自己感兴趣的领域深入探索。我现在一般对自己感兴趣的某个领域读几十本书。例如，阅读类、写作类、企业文化类、脑科学类、情绪管理类，我都做过主题阅读。进行主题阅读，精力管理和阅读能力是两大基础。我习惯在咖啡馆阅读，我常去的咖啡馆的服务员都认识我。我的书都是存在咖啡馆里的，家门口的那家咖啡馆的柜子里曾经放满我的书，在一直轮换的情况下，存了有一两百本。春节的时候，我会连续在同一家咖啡馆读几天书，服务员什么时候上下班，我就什么时候"上下班"，保持一天阅读7 ~ 10本书的阅读量。在这个过程中，我不停地在书上贴关键词贴，记阅读笔记。

主题阅读是一个人在某一领域建立认知体系的有效方式。如果你也到了这个阶段，那么可以按照下面的步骤开展主题阅读。

① 选择一个自己感兴趣的主题。

② 把所有相关的图书买回来。

③ 快速翻阅所有图书的目录，选定3 ~ 5本准备精读的书。

④ 先精读这些书，做好阅读笔记，画知识架构图。通过比较阅读和精读建立自己在这一领域的知识框架和评鉴能力。

⑤ 快速阅读其他图书，跳过内容重复的部分，完善之前的知识框架体系，补充一些内容。

⑥ 发现不同作者观点冲突的地方，尝试进行分析。

⑦ 为自己选择的图书价值度重新排序，与自己最初选择精读的书对照，看看是不是有变化，验证自己的选书能力。

⑧ 继续对这一主题领域进行探索，不断梳理、完善自己的知识框架。

尝试内容输出，提高思考力

在这里，我给大家分享一个我亲身经历的故事。在蓝狮子读书会工作的时候，因为一直跟很多的名家接触，为他们组织名家讲座、新书发布会等活动，我一直对个人品牌这个主题很感兴趣。后来，在工作的过程中，我陆陆续续读了一些相关的图书。那时候，关于个人品牌的书比较少，关注的人也没有现在这么多。我读完这些书，一直觉得并没有一本书描述清楚个人品牌究竟是什么。后来，机缘巧合，我认识了《个人品牌》的作者徐浩然老师，他提议我们合著一本书，名字叫《重新定义个人品牌》。我通过阅读100多本与个人品牌相关的图书，加上跟专家探讨，建立了个人品牌的四环价值模型，并得到了很多案例的验证。这是我第一次写书，文笔、逻辑和内容驾驭都有不足，幸而得到徐老师的指点，对框架进行梳理，对内容进行把控，在葛晶老师认真编辑后，得以出版。这本书已经上市了好几年，我一直对两位老师心存感激，是他们开启了我的写作之门。

阅读的内容输出分为零散输出和系统输出。针对零散输出，不要错过自己的任何一个灵感，把它们写下来，日积月累就会有收获。系统输出，就是在进行主题阅读之后，尝试将主题阅读的内容与自己擅长的细分领域进行结合，找出属于自己的专业领地。

尝试用自己的逻辑说明问题和解决问题，撰写文章，逐步建立自己的知识框架和理论观点，将其在细分领域中进行验证，不断调整并深化，进行长期的系统产出。这样一来，不知不觉，你就会登上自己的小高山。如果你足够专注，有足够的积累和产出，最终会达到一览众山小的境界。

体系的完善设计、团队的针对性培养和阅读的系统培训有助于企业读书会运营水平的提高，而这一环节目前在大多数企业读书会的运营中是缺失的。很多企业读书会刚起步，还没有发展到这个阶段，对此没有足够的重视。企业读书会能够长期运营，依靠的就是专业的运营体系，尤其当它与企业业务需求相结合的时候。

企业读书会的运营体系虽然没有受到足够重视，但激励机制和评价系统却被人们普遍认为非常重要。对企业来说，每个项目都有成本，企业读书会也不例外，既然要做，就要重视激励机制和评价系统。很多人对这一点非常迷惑，那是因为需求、定位和目标不清晰，明确了需求、定位和目标之后，根据这些来设计企业读书会的激励机制和评价系统，就水到渠成了。

§

第八章

激励机制与评价系统

激励机制激发企业内部的阅读活力,

评价系统聚焦企业阅读的行为结果,

在四大体系中相互结合,

保持企业阅读"需求－行为－结果"的统一。

企业读书会的激励机制，重点关注阅读的具体行为和成果，进行物质和精神双重激励，真正关注员工的学习成长，为员工提供职业发展通道，使企业成为员工真正的"大学"。评价系统以领导、企业和员工三方的阅读需求为出发点，以目标为导向，关注实施的结果，对阅读方案和项目的具体实施进行评估。

8.1

📖 荣誉体系：角色认知

在企业内部，各种跟阅读相关的角色，不管是组织者，还是阅读者，标签都很模糊，多数都是基于对阅读价值的认同，而不是基于对角色或者岗位职责的认知，这对组织阅读力的提升非常不利。对企业读书会的各个角色建立身份认知，将各个角色的标签显性化，能够激励员工阅读。

为什么要建立荣誉体系？

一方面，阅读充实人的精神世界，需要对其有一个明确的定位；另一方面，在企业当中，每件事情都需要与明确的角色定位挂钩，才容易落实。我将荣誉体系放在本章开始重点说明，主要基于三方面的考虑：一、目前阅读的成效很难用精准的数据来衡量。对于企业来说，评价阅读效果，需要一段时间。在企业阅读活动的起步阶段，荣誉激励可以弥补这一不足。二、企业员工主体以"80后""90后"为主，这一群体对于个人价值的实现非常关注，阅读可以帮助年轻员工实现个体成长，阅读的荣誉激励可以满足自我认同的心理需求。三、荣誉激励可以为爱阅读的员工贴标签，让他们从普通员工中脱颖而出，为企业发现人才。

如何设计荣誉体系？

在企业读书会发展的初级阶段，我建议以图书阅读量为参照系，荣誉体系不宜设计得过于复杂、标准定得太高。例如，1年读12本书以内的叫潜力读者，读13 ~ 24本的叫初级阅读达人，读25 ~ 36本的叫中级阅读达人，读37 ~ 48本的叫高级阅读达人，读48本以上的叫资深阅读达人。写作阅读心得的篇幅和数量、分享阅读短视频的数量或者在企业内部讲书的次数等也可以作为参考数据。通过推选和评选，逐步在企业内部树立标杆，让爱读书的员工能够脱颖而出，引领身边的员工多读书。"三人行，必有我师"，在这件事情上体现得最为明显。

我在上面只是简单列举了一些激励员工阅读的荣誉称号，企业可以根据自己的企业文化来设计。如果是传统老牌企业，荣誉体系可以设计得严谨、规范；如果是年轻的创业公司，可以设计得花样多一些，如"读孤求败""读霸天下""读步武林"这样的专属称号也未尝不可，尽可打开脑洞来设计。

对于阅读组织者，尤其是部门和分公司比较多的企业，可以多评选一些推广阅读活动的先进个人和组织，体现企业对这个工作的重视。对阅读组织工作的评价可以从几个维度设计——阅读活动数量、员工参与度、配套图书推荐及更新量、阅读赛事的组织和阅读成果的呈现等。在阅读推广的初级阶段，重在激励。

在企业推广阅读活动的初期，阅读荣誉体系更多是肯定员工的阅读行为和成果，以及组织者的付出，在企业内部形成对阅读荣誉体系的认同，也就是对阅读价值的进一步认同。

　　企业持续推广阅读活动 2 ~ 3 年以上，形成一定的阅读文化氛围，就需要对荣誉体系进行专业化升级，结合积分、晋升和评价体系，建立基于岗位绩效和工作职责的考核体系。这一阶段将着重关注组织阅读的成果，组织阅读将与奖励机制直接挂钩，作为企业内部考核的一项关键绩效指标。

8.2

📖 积分体系：阅读银行

你所在的企业内部有没有员工学习或者互动的平台？因为员工比较多，很多大中型企业为促进员工学习，开发了学习平台，提供一些学习课程并要求员工打卡。有的企业为服务全体员工，开发了内部用的手机程序，提供新闻资讯、计步排名等服务。有的企业上线了阅读和听书服务，在手机程序中内嵌其他平台的内容，主要是电子书和音频、视频讲书内容。企业反馈，这些内容的点击率和完播率不是很高。这给我提出了一个好问题：如何与平台结合，线上、线下一起推动员工阅读呢？

平台一般都是将内容批发给企业，与企业的需求并非完美适配，甚至存在较大差异。

对于企业自主开发的平台或者阅读板块，我建议增加线上阅读测试工具，当员工做完阅读测试之后，为其生成个性化书单，推送电子书购买链接。企业为员工提供一定的购书补贴，或者直接为员工买书。补充一点，如果员工的兴趣比较薄弱，可以开发一些简单的阅读小游戏，如闯关或者答题，以此吸引员工，提高平台的进入率，这也是线上产品的运营逻辑。当然，你或许认为应该用行政命令强制员工进入平台，但我没有这种权力，所以遵循的是市场逻辑和需求逻辑。不过，将强制与激励两种方式结合，能有效促使企业读书会落地。

在购买完图书后，平台开始记录员工的阅读行为，包括员工阅读的书名、开始时间、时长、字数等。平台上有电子书的可以记录阅读时长和字数，如果没有就可以记录阅读开始时间。阅读数据随着员工阅读行为的发生呈现动态变化，可以呈现每天、每周、每月、每年的数据变化，同时对员工的阅读能力和阅读情况进行系统分析，阅读书单也会与员工匹配，这需要数据分析和内容算法支撑。平台目前提供的只有简单的数据分析和内容算法，没有实现精细化的内容分发和个性需求匹配，而可以做个性需求匹配的机构缺乏海量的内容，这造成由企业付费的C端用户体验较差。多家内容平台都在做内容批发，而不是精准分发。从这个角度来说，B端付费的C端需求并没有被充分满足。我说的满足不是满足过于个性化的阅读内容，而是内容与需求的优化匹配做得不够细致。

在阅读行为的激励上，建立面向全体员工的积分管理系统，有利于组织阅读习惯的养成。这是一个有价值并且需要长期运营的系统。当企业明确要在内部推广阅读活动，并希望通过一定的方式对员工阅读行为进行激励时，就可以用积分模式作为支撑。

积分系统根据企业战略发展要求、人才成长要求和对阅读价值的诉求来设计，确定具体要素和算法逻辑。在通常情况下，阅读积分体系的基础数据主要围绕图书内容、阅读主题、阅读时间、阅读时长、阅读字数等。根据企业的需求，可以对不同的图书设置不同的积分。对于企业大力提倡员工阅读的图书，可以适当提高积分额度。其他数据可以与企业读书会的参与度挂钩，例如，参加设计活动、主动分享、担任志愿者或者在秘书处工作等，都可以获得相应的积分。

积分体系如何与阅读激励挂钩？

1. 积分兑换

阅读积分可以与企业员工的现实福利进行折算，根据企业福利的发放标准，计算积分兑换的比率，对员工的阅读行为进行激励，这比直接发书或者购书券更有激励效果。用阅读积分兑换福利，也是因为阅读非刚性需求，用福利激励，会有一定的促进作用。如果完全依靠主动阅读的意愿来提升全员阅读比，对运营企业读书会的人考验过大。

2. 月度奖励

对每月阅读排行榜中排名靠前的员工，给予一定额度的物质激励和荣誉激励。

3. 阅读培训

为年度阅读排行榜中排名靠前的员工提供培训机会，让他们成为企业内部的讲书人，为其提供一定的补贴或者晋升的机会。将阅读与绩效挂钩，更能体现激励效果。不管能不能直接给予晋升机会，企业读书会都为员工提供了一个展示才华的平台，让爱阅读、善思考、勤写作、善演讲的员工更容易脱颖而出。

4. 阅读平台

企业读书会可以与外部机构合作，将企业内部优秀的讲书人推荐到广播电台和喜马拉雅这样的内容平台，为他们开通知识IP的成长通道，由此也能吸引更多的员工参加阅读活动。这样做并不是为社会培养讲书人，而是用来吸引员工参加阅读活动，为爱阅读的员工提供成长空间。

　　使用阅读排行和阅读积分来激励阅读行为，比较平等、客观，更容易帮助员工养成阅读习惯，推动全员阅读这一目标逐步实现。在企业内部推广阅读，仅依靠组织活动和宣传推广是不够的，还需要统计员工阅读内容、时间、行为等数据，看到员工阅读情况的动态变化。在不同的阶段，企业读书会用不同的策略支持员工阅读，进行全面跟踪和服务，促使员工的阅读能力提升，提升企业的阅读指数。

　　我将企业全员阅读推广数据系统形象地称为"阅读银行"，对于企业来说，可以将其理解为企业文化的管理银行；对于个体来说，可以将其理解为个人精神财富的管理银行。组织和个体都需要在"阅读银行"里积累财富。

8.3

📖 晋升体系：发展通道

为企业读书会的运营人才和高潜力阅读学习型人才设计职业晋升通道，是为让阅读在企业落地，而不是受困于个人兴趣领域。探讨读书会的价值，就是要探讨读书会的目标，企业员工能从书中学到什么知识和技能，获得什么启发。个体在阅读中不断成长，应该有与之能力提升匹配的职业发展通道。设计晋升体系，是基于企业读书会发展的前瞻性探讨，也是让大家关注的读书会收益问题落地的有效方式。阅读的价值不限于读完一本书，马上学以致用。计算投入产出比，非常有必要，但面是一点一线逐渐连接而成的，关注阅读的长期目标，更有利于让阅读发挥出价值。通过阅读，培养出有内驱力的学习型人才，这些人才永远有好奇心，能够探索和发现问题，并不断尝试去解决问题。单点推动大家阅读一本书，永远处在从零到一的动作反复中。没有习惯和兴趣作为支撑，价值轮就转不起来，更谈不上自转。

在企业读书会发展的初级阶段，谈职业通道不一定会得到认同，但其是大势所趋。可以做一下同类对比，企业大学在创办的初期，是从培训部、培训中心的分支不断发展壮大的，然后独立出来成为负责人才培养的重要职能部门。企业读书会最初也会依托某个已有部门，之后面临人力资源配置、部门发展前景等现实问题。大部分企业的读书会现在还处在萌芽状态或者初级运营阶段，我判断至少还需要数年时间，才能有30%的规模性企业建立内部读书会，并正常运营，为企业创造价值。

我们可以为内部读书会发展速度比较快的企业，提供员工职业发展通道方面的设计参考。

1. 阅读达人的专业晋升通道

这部分人会关注跟自己的专业领域相关的图书，以及跟个体通用能力相关的图书。通过阅读，他们逐渐具有良好的沟通、合作、创意、写作等综合能力，工作热情，追求自我成长。通过征文、演讲等比赛，企业可以让这部分人脱颖而出，有机会晋升到其他岗位。针对这些人，可以在企业内部招聘中，给他们加分，让他们感觉到阅读对自我成长的重要性。如果做得更精细一些，可以针对不同的岗位设计必读书单，通过阅读心得、讲书比赛来考察员工的阅读情况，促使员工自主学习，并将此作为岗位入职的考核标准之一。

2. 读书会运营团队的管理晋升通道

这部分人一直参加企业读书会的运营工作，其表现有目共睹，在竞争其他相关的管理岗位时，企业可以给予一定的加分。

3. 其他通道

阅读达人有机会成为企业内部兼职培训师。基于在某一领域的阅读量和知识积累，并通过不断参加内部讲书分享活动，阅读达人可以逐渐成长为相关主题的内部兼职培训师，塑造出职业生涯的第二曲线。《第二曲线》是查尔斯·汉帝的经典著作，作者放弃壳牌公司高管职位到伦敦商学院担任全职教授，又放弃终身教职成为全职作家。他用自己的人生经历告诉我们，人可以选择时机，重新出发，成功转型。如果我们把第一曲线当作每个人的本职工作，那努力工作、加薪升职、攀上巅峰、进入瓶颈期就是职业生涯的自然生命周期，而第二曲线指一个人在即将攀上事业巅峰之前，就要看到瓶颈期，提早为转型做准备。只有这样，你才能有时间、精力甚至财力，为成功转型做准备。在攀上眼前的巅峰前起跳，是攀上下一个巅峰的最佳时机。企业应该重视员工的瓶颈期，而阅读可以帮助员工打破固化思维，使其能够匹配不同的职业发展赛道，增强员工的积极性，给员工更多的发展空间。

在具体设计企业内部的发展赛道时，可以将其与组织发展和人才培养的目标相结合，让阅读成为员工学习知识和提升能力的方式，让企业读书会成为人才输出的平台。结合人才评测机制，企业读书会对个人基本能力和岗位胜任能力进行测试。在人才发展通道的流动机制设计中，企业读书会在人才通道的入口了解员工需要提高的能力，为其匹配相应的图书，与其个体阅读兴趣结合；在人才通道的中间，管理阅读过程，检查阶段性成果，提升员工的阅读能力；在人才通道的出口，注重与实践相结合，注重输出成果，展示员工的综合阅读能力和专业能力。

以上三点是站在策划组织部门的角度写的，对于个体来说，如何看待个人发展，也很重要。很多企业没有成立读书会，有些企业只设一个人来兼职组织读书会活动，读书会不是他的主要工作，还有的企业是由志愿者团队以兴趣小组的形式在运作企业读书会。如何看待企业读书会的现状？我认为，员工应该从长远出发，把参加企业读书会当成在企业内部打造职场个人品牌的方式，提高自己在企业内部的影响力，而不只是计算投入产出比，要积极参加阅读活动，在日积月累中让自己得到更多的成长和发展机会。

8.4

📖 **评价体系：阅读指数**

在企业读书会落地的过程中，大家对读书会的评价体系和指标提出了疑问，关心到底用什么来衡量企业读书会的成果。我很早就开始关注这个问题，并对这个问题进行了研究。企业读书会建立评价体系越早越好，但在发展初期，其评价体系无法依托完善的数据支撑。当然，这并不会阻止我们对这个问题进行前瞻性的探索。

对企业读书会的认知目前多数来源于对培训项目的思考，这可能受到培训课程中讲书、拆书的误导。针对某本书、某个主题的拆书项目，参考培训项目的评价体系没有太大问题，但这类项目毕竟只是企业读书会组织的阅读活动的一种。

到底用什么来评价企业读书会呢？我在各大期刊网站和开放平台上多次读到一个关键词——"阅读指数"，比较贴近我们的需求。截至2021年6月10日，这个关键词的搜索量超过2950万次，有很多相关数据。有很多文章提到阅读指数，尤其是国民阅读指数、城市阅读指数和个人阅读指数，但针对这一关键词发表的专业研究文章寥寥无几，而跟企业息息相关的企业阅读指数，相关文献就更少了，这充分说明这一领域还没引起大家足够的关注。

我根据之前服务多家企业读书会的实践经验，以及在实践过程中积累的相关数据，尝试对企业阅读指数做出概括性描述，供大家参考。

企业阅读指数

企业阅读指数是以企业全体员工的阅读相关数据作为研究对象的综合衡量数值，可以用来作为反馈企业整体阅读情况的参考指标。

企业阅读指数主要由十个评价模块组成，它们分别为阅读环境、阅读资源、阅读载体、阅读活动、阅读行为、阅读培训、阅读成果、阅读品牌、阅读平台、阅读投入，各个模块在企业读书会的不同发展阶段占有不同的权重。

1. 阅读环境

阅读环境主要指企业建立企业图书馆、职工书屋、企业读书角、创意阅读空间等，营造企业内部的阅读文化氛围。

2. 阅读资源

阅读资源主要指企业通过各种合作方式引入外部电子书、音频和视频图书内容平台，为员工提供便捷的、性价比高的优质阅读内容。

3. 阅读载体

阅读载体主要指图书不同的载体形式，图书现在以纸质、电子、音频和视频等多种形式存在。

4. 阅读活动

阅读活动主要指为满足企业和员工的阅读需求而组织的各类线上、线下阅读活动。

5. 阅读行为

阅读行为主要指员工阅读的开始时间、时长、字数、种类、书名、作者、出版社、内容关键词等被记录下来的动态数据。

6. 阅读培训

阅读培训主要指为解决员工的阅读问题、培养员工的阅读兴趣、提高员工的阅读能力及为提高读书会的运作能力等而组织的各种培训。

7. 阅读成果

阅读成果主要指员工在阅读过程中记录的阅读笔记、撰写的阅读心得、录制的阅读短视频等有价值的内容，以及组织阅读比赛产出的各种优秀作品，为企业选拔学习型人才，以及学以致用、提高业绩的实际案例等。

8. 阅读品牌

阅读品牌主要指企业读书会的整体品牌和项目品牌等对企业文化、人才培养具有的软性影响力。

9. 阅读平台

阅读平台主要指企业为推动企业读书会落地开发的小程序、报纸、杂志、微信公众号等相关阅读平台。

10. 阅读投入

阅读投入主要指企业在企业读书会上投入的人力、财力和物力等。

在这10个评价模块里面,各自包含不同数量的关键要素指标和数据。其中,数据动态变化明显,最具有研究意义的是阅读行为这一模块。阅读行为数据随着员工阅读行为的改变而发生动态变化,我们可以重点关注几个数据——个体与部门、企业之间的阅读时长、字数比,图书主题和内容关键词,重点关注半年、一年的数据变化,可以衡量企业内部阅读活动的实施情况。

很多企业还没有建立自己的阅读平台,一些大中型企业有供员工内部使用的App,例如健康App、学习App。企业可以考虑在原有程序的基础上增加阅读模块,或者开发独立的小程序,引入电子阅读资源,并将员工的阅读数据存储在平台上,定期进行阅读行为和效果的分析,跟踪员工、部门的阅读动态。

外部专业机构也可以根据企业阅读指数进行阅读排名,以此作为学习型组织和企业文化的评价指标之一。

评价组织文化和组织创新,企业阅读指数是很有价值的参考指标,企业可以借助数据变化关注组织学习的发展动态,进行动态管理,不断提高企业的学习力。对于企业阅读指数的权重,企业每年可以根据企业读书会的发展情况和企业的需要进行调整,实现对阅读的人性化和量化管理。

对企业阅读指数的关注、研究和探索刚刚起步,我的描述和建模也处在初级阶段。随着企业读书会的大量出现，员工阅读能力提升，组织阅读的价值逐步显现，企业对阅读的需求也会越来越明确，企业阅读指数的评价模块和关键要素指标也会变得更加精细。企业读书会是一个有价值的蓬勃发展的行业，我希望和同行一起对这一领域进入深入研究，成为行业的推动者和精耕者。

通过前面的分享，我对企业读书会的运营工作基本讲完了。企业读书会的未来在哪里，就让我们在下一章展望一下。

〔 第九章 〕

§

打造阅读新生态

阅读是个体成长的阳光雨露，

个体成长是企业长期发展的依托。

员工保持成长思维，

企业更有创新活力。

很多企业的培训已经很完善，有的企业大学已经相当成熟，但企业依然感到缺人才。企业在引入外部人才的同时，也需要有丰沃的土壤，让新人能融入企业，让老员工也能不断成长。在工作中，如果不能通过学习实现自我成长，很多人经过 3 ~ 5 年就会进入职业瓶颈期。为让员工和企业自身保持学习力，企业有必要打造企业读书会，以保持蓬勃的发展后劲。

9.1

📖 阅读场景

　　我参观过很多企业的图书馆，面积从几十平方米到几百平方米的都有，馆藏图书从几千册到几万册不等。我印象最深的是总部在北京的一家银行的图书馆——在有几十年历史的老楼里，某层拐角是图书馆，里面是一些破旧的书架，书架上摆放着一些陈年老书。我去过很多历史悠久的书店，都没这里的书香气息浓厚。负责人对我说，来这里借书的人并不多，但总有固定的几十个人。我还去过一些奢华的企业图书馆，建筑宏伟，馆藏丰富，设在企业的培训中心里，来这里借书的人很少，图书的借阅率很低。还有很多企业的职工书屋，实际使用率并不是很高。

　　当企业把图书当作固定资产来管理的时候，书就必然离开员工的视野。码洋几十万元、几百万元的图书尘封在企业图书馆里，书的价值就大大降低了。在图书的流转方式上，我们曾经做过一些大胆的尝试，有些银行有内部的文件交换系统，由于图书的管理模式不能轻易改变，那么促进图书流通就成了可以着力的点。将新书在银行内部借阅平台上架，通过文件交换系统在上海地区借阅流通，也成为这家银行内部图书流转的模式，至少图书不会一直待在书架上。但是，这种改变也只是从小处着手。很多企业没有内部交换系统，物流成本又很高，对于这种方式只能借鉴，不能复制推广。

个体阅读场景早就不在企业图书馆里了，人们通常在上下班的路上、在出差途中或者睡前看电子书或者听书。针对这种情况，作为企业内部的阅读推广者，我们也需要变换思维。

配给阅读资源

1. 触手可及——实体书架

相比馆藏丰富的图书馆，我更加支持在企业内布置随处可见的开放书架。在企业内部的会议室、办公区域、楼道拐角等地方布置简单时尚的书架，可以将读书会的品牌标志放在书架上，将书摘卡、阅读笔记本等布置在书架上。开放书架主要用于样书展示，样书定期更新，将样书按照易耗品处理，允许流失和损耗。想阅读新书的员工到管理部门领取或者按照自己的岗位限额购买后报销。如果条件允许，企业内可以布置开放式休闲阅读区，营造阅读氛围，打造舒适的软性阅读环境。不过，员工不会在这样的空间长时间阅读，它的作用是制造氛围，并不追求实用。

2. 携带方便——电子书

为员工提供电子书资源，让员工自主学习，还可以将其作为一种福利发放形式，例如，为每位员工提供"微信读书"的一年期账号。现在电子书已经成为大家非常熟悉的阅读对象，因为电子书比实体书携带起来方便。电子书更适合在上下班和出差途中这些场景阅读。

3. 便捷听书——有声书

随着知识付费行业的快速发展，很多知识付费企业都会给大客户提供听书卡，满足企业员工听书的需求，如"轻学堂"的有声图书馆。听书可以满足员工乘坐公共交通工具或者开车时的需求。

阅读场景管理

即使企业将阅读资源都开放给员工，员工也不一定会阅读。因此，仅仅为员工提供满足阅读场景的资源远远不够，还要对场景进行必要的管理。

管理阅读场景，设计几个有效目标就可以，结合之前提到的策划活动的几种模式。例如，过程管理用"阅读打卡"，成果展示用"阅读沙龙分享、阅读笔记展示、阅读心得征稿、阅读比赛呈现"等。阅读场景管理可以分为以下三步。

1. 目标

设定阅读场景管理的具体可量化目标，分三个阶段：首先，设定针对阅读内容、阅读行为、阅读效果的目标。其次，企业不要为此进行僵化的考核，在强制和员工兴趣之间寻找平衡点。最后，在推广阅读的不同阶段，企业要有阶段性的重点目标，将目标规则和灵活应变结合起来。

2. 过程

阅读打卡活动每天坚持进行非常重要。通过阅读打卡活动，积累阅读时间、字数、笔记或心得，这是阅读过程管理的有效方式，可以酌情选择一两项作为阶段性重点。

3. 结果

收集阅读笔记，征集阅读心得，组织各种线上、线下阅读分享活动，推动阅读学习成果的产出，使阅读收获可视化。

与之前的活动策划有机地结合在一起，实现对阅读场景的管理，实现对阅读内容的跟踪和阅读成果的输出。

组织阅读场景

对于组织（群体）阅读，可以设定具体时间。例如，中午阅读1小时，我一般称之为"午阅会"，把大家集中在职工书屋、企业图书馆或者会议室里一起读书，营造共同学习的阅读环境，这跟很多企业在中午组织健身活动是一样的道理。阅读比其他活动难，因为需要刻意营造一些阅读场景，打造阅读场域，吸引员工参加。有的企业没搞几次阅读活动就不了了之了，这一方面反映企业员工阅读基础比较薄弱，推广力度不够，另一方面反映出组织者目标不清，缺乏章法，操之过急。

企业阅读的目标最终是在每个员工的阅读场景里实现的。作为企业读书会的负责人，如果我们不能从阅读场景中追求阅读的价值，所有的形式最终只能是形式。当阅读场景无助于实现阅读目标时，企业就需要在推进阅读活动的过程中不断对其进行优化。例如，放弃企业图书馆，处理没有价值的图书，回归到对阅读价值的管理上，根据员工的体验"选好书"。

9.2

📖 阅读成果

在去企业走访的过程中,我见过阅读成果的各种表现形式,最多的是读书征文。有的企业把优秀的文章推到公众号或者内部期刊上,有的企业还会印成纸质书,非常精美,还有的企业组织拆书活动,把一本书变成一门课,请嘉宾讲书,做直播,并剪辑、分享阅读视频。从整体来看,企业的阅读成果展示有以下几个特点。

1. 碎片化

很多企业收集的阅读成果是零散的、碎片式的,更多的是为展示,而是不关注成果本身,所以很难形成体系。这同时反映出,在前期策划中,企业对于阅读成果的思考不深,在中期的执行中,缺少促进阅读成果产出的方法,导致后期成果不大,更谈不上系统化产出。

2. 随机化

对于阅读成果,企业大多依赖任务分工或者阅读爱好者主动产出,内容和质量很难控制,阅读成果的产出显得随机化。

3. 短期化

企业内部缺乏系统规划。很多企业在世界读书日前后搞读书月、读书周、读书日，但之后就结束了，很难有持续的阅读产出，更谈不上长期的阅读成果。

总体来说，企业阅读成果的产出比较少，原创内容比较稀缺，更谈不上对阅读人才的培养，阅读绩效更是空中楼阁。企业阅读成果的产出现状，反映很多企业只在乎投入产出比，希望阅读能为企业直接创造经济效益，希望能找到阅读与企业发展紧密相关的关键指标。

为实现企业读书会的目标，我们要描述清楚什么是最终的阅读成果。最终的阅读成果主要包括内容产出、人才培养、绩效提升、文化塑造。在企业确立打造内部读书会的计划后，定位和目标的设计最终将引导阅读活动指向阅读成果的持续产出。这个设计过程就像设计水管一样，让阅读成果在通道里自然流出。我们可以将企业读书会的运营过程，简单概括为前期关注阅读习惯，中期提高阅读能力，后期持续产出阅读成果。阅读不是目的，它是实现个人目标的路径；企业读书会也不是目的，它是实现组织目标的一套方法论体系。

如何实现阅读成果的产出

我们要由易到难设计阅读成果产出的阶段性目标，伴随阅读习惯的养成和阅读能力的提升，不断地提高对阅读成果的产出要求，促使员工的阅读行为向阅读成果不断转化。在企业读书会的运营过程中，使用广义的阅读成果来进行目标管理。我们在下面将其分为三个阶段来说明。

1. 前期

在阅读习惯养成阶段，阅读人数、图书阅读量、阅读时长，这些都可以作为阅读成果的表现。

2. 中期

在阅读能力提升阶段，阅读速度、图书阅读量、阅读活动参加人数和分享人数、阅读图书的覆盖面、阅读时长、阅读笔记和阅读心得的产出量等，都可以作为这一阶段的阅读成果。

3. 后期

在阅读成果产出阶段，内容输出的质量和数量、阅读人才和读书会运营人才的数量是主要的成果指标。

在企业读书会发展的中后期，将阅读成果与部门绩效挂钩，注重提高员工个人的通用能力和专业能力。企业可以举办营销读书会、客服读书会等，将企业读书会往纵向深度发展，把与工作岗位相关的图书设定为必读书目和选读书目，促使团队不断提高，并将学到的技能和方法应用到具体的工作中，萃取相关的案例作为加薪和晋升考核的指标。

专业读书会和适合全体员工的企业读书会不同，专业读书会需要员工在阅读习惯养成、阅读能力提升之后，与具体工作紧密结合。有的企业人力资源部门，会设计每个岗位的胜任能力模型，结合员工的个体需求，设计必读书目和选读书目，设计线上、线下的阅读活动来促使阅读活动落地。如果企业之前没有做过相关的项目，就请企业高层、部门负责人和关键岗位的员工推荐图书，结合对阅读需求调研的结果来制作书单，然后设定具体阅读目标，量化阅读成果，策划相关的阅读活动。

塑造企业文化是企业读书会的最终目标，保持学习、开放、创新的成长型企业文化，是每家企业建立读书会的愿景。组织文化不是一成不变的，不管企业规模大小，组织文化一直处在发展变化之中。

阅读成果产出后，可以结合企业读书会的宣传推广活动，做一些提高企业读书会影响力、打造企业阅读文化的活动。例如，做阅读成果展，将年度阅读成果公开展示，一方面提高阅读标杆的引领作用，另一方面让每个员工感受到身边的人在阅读中获得的进步和成长，吸引更多的人投入到阅读活动当中来。

企业读书会的运营是一个系统工程，阅读成果是运营团队的目标，每家企业根据自身的情况设计阅读成果的具体产出目标，引导企业读书会持续发展。阅读需要坚持，阅读习惯坚持下来，阅读成果的产出才能持续。阅读活动可以间隔一段时间举办或设定单一目标，但企业阅读成果的产出一定要以企业读书会的中长期运营为根基。

9.3

📖 **愿景：从学习型组织到内部自主学习新生态**

在企业里，我经常听到很多对员工，尤其是对年轻员工的评价——找工作完全跟着兴趣走，高薪酬也不能让他们安心工作。这种追求自我、突出个性的价值观也反映在工作上，年轻员工对企业文化提出了更高的要求。新员工如何才能融入企业之中？

有一种普遍的评价，那就是年轻员工想法非常多，但缺乏足够的执行力；换个角度来看，就是更有创意，创新能力更强。那么，如何激发年轻员工解决问题的能力？

年轻员工喜欢有品位的生活，却不能吃苦，工作的专注和努力程度会打折扣。那么，如何激励年轻员工勤奋工作呢？

年轻员工追求自我，渴望得到更多的尊重与认可。很多"90后"员工初入职场，经验不足、能力不够，很多想法和建议显得过于稚嫩，容易被否决，这会使他们产生很强的挫折感。如何帮助年轻员工应对挫折，不断地自我成长？

年轻员工的生活普遍比上一辈优越，职场竞争和工作压力常常让他们产生抱怨和失望情绪。那么，如何加强年轻员工的情绪管理能力？

上面讲的是每家企业都会遇到的问题，这些问题通过培训并不能解决。如何用一种方式解决这些年轻员工的问题呢？让我们从问题当中来，回到问题当中去。年轻员工的特点是学习能力强，企业可以提倡自主学习，帮助他们发现自己的问题，找到答案，进而不断自我成长。在这个过程中，企业读书会能够让员工成为彼此的镜子，通过阅读分享活动，让思想碰撞，共同成长。

年轻员工通过读书会建立共同成长的愿望，进行团体学习、系统思考，改善心智模式，最终实现个体的自我超越。

企业读书会是企业成为学习型组织的切实可行的操作方式。年轻员工是企业读书会关注的重点，但不是全部。对于年轻的基层员工，应培养他们的阅读习惯，使他们善于发现问题、解决问题，融入企业之中；对于中层骨干员工，应该专注于管理能力的提升，通过阅读分享活动，提高专业度和影响力；对于高层管理者，适合广泛涉猎，形成广阔的视野，做出正确的决策。每个层级的员工长期坚持阅读，企业内部就可以形成自主学习的新生态。

从学习型组织到内部自主学习新生态

如何从学习型组织走向内部自主学习的新生态？企业能够自主形成这样的新生态吗？我认为需要做到以下几点。

1. 打开边界

2020年，人类遭遇新冠肺炎疫情的侵袭，疫情打乱了很多人的节奏和很多企业的发展规划。人们受到它的冲击，未来充满不确定性。我认为，推动企业读书会落地，需要打开边界。传统的企业培训以被动学习为主，注重知识的输入；企业阅读以主动学习为主，更注重阅读分享和成果的产出。企业培训的成本比较高，覆盖面比较小，以组织能力的提升为主导；企业读书会的成本较低，覆盖面广，兼顾组织能力的提升和个体的自我成长。企业读书会的系统运营带来了价值实现的可行性，开展企业读书会需要打开边界，让更多的员工参加，让思想碰撞交流，让员工更能理解同事、理解企业，甚至理解客户。这种无边界的理解力将降低企业内部沟通的成本，提高组织运作的效率。

2. 回归专业

企业和员工都要把自己专注的领域做到极致，不断在自己所在的领域学习、精进。员工专注于提高个人能力，企业专注于提高核心竞争力，开发有竞争力的产品，并占领市场。

3. 回归价值

现在的市场，员工、企业和客户都需要参加价值创造活动，员工和客户都在追求价值感和体验感。员工需要这样的工作，客户需求这样的产品，不断地洞察市场变化，进行创新，而不是固守市场。

回归专业和价值是为了让企业的根基更加牢固，打破边界是为了让企业和员工有更大的发展空间。员工与企业共同成长，如果员工能够不断学习，自我成长，那企业也一定会呈现蓬勃发展的态势。像阿里、腾讯、华为这样的企业，内部有自己的生态系统，才会不断地生产出生命力旺盛的产品，从幼苗长成大树。

通过创造个体成长的平台，企业读书会让员工共同阅读，促进团体学习，推动企业发展，最终实现以下四个目标。

1. 形成组织认知

通过在企业内部组织读书活动，让员工分享阅读成果，影响员工对一些事情或者一些工作的认知，形成组织的共同认知，塑造柔性的组织价值观。

2. 培养组织习惯

通过推广员工共同阅读的活动，形成组织共同的阅读习惯，使组织保持学习的心态、开放的视野，积极思考，始终保持活力。

3. 提高组织能力

促进个体阅读、学习、写作、思考和分享能力的提高，实现小团队、部门和组织整体能力的提升。

4. 优化组织行为

员工学以致用，将阅读的收获应用到工作中，能够提高组织的执行力、创新力和应变力。由此可见，阅读的价值是显而易见的。

作为企业内部搭建的新平台，企业读书会将因开放性、包容性、创新性、成长性而变得活力十足，形成跨部门、跨专业和跨层级的价值激发网络。每个员工在这个网络之中互为支点，共享资源和分享价值，员工之间的沟通边界被打破，企业呈现自主学习的新生态。当企业读书会真正围绕价值展开时，一定能实现个人与企业的共同成长。

企业读书会调研表（基础版）

为广泛了解大家的阅读需求，更好地组织开展阅读活动，特设计此调研表，期待您的参加！浸润书香，为人生奠基；畅游书海，享阅读之乐！

一、基本信息

1. 姓名＿＿＿＿＿＿＿＿＿＿＿＿＿＿＿＿＿＿＿＿＿＿＿＿＿＿＿＿

2. 性别＿＿＿＿＿＿＿＿＿＿＿＿＿＿＿＿＿＿＿＿＿＿＿＿＿＿＿＿

3. 年龄＿＿＿＿＿＿＿＿＿＿＿＿＿＿＿＿＿＿＿＿＿＿＿＿＿＿＿＿

4. 学历＿＿＿＿＿＿＿＿＿＿＿＿＿＿＿＿＿＿＿＿＿＿＿＿＿＿＿＿

5. 公司名称＿＿＿＿＿＿＿＿＿＿＿＿＿＿＿＿＿＿＿＿＿＿＿＿＿＿

6. 部门＿＿＿＿＿＿＿＿＿＿＿＿＿＿＿＿＿＿＿＿＿＿＿＿＿＿＿＿

二、阅读习惯

1. 您每月的阅读时长是＿＿＿＿＿＿。

◎ 2小时内　　　　　◎ 2 ~ 10小时

◎ 10 ~ 20小时　　　◎ 20 ~ 50小时

◎ 50小时以上

2. 您一年的阅读量是＿＿＿＿＿＿。

◎ 5本书以下　　　　◎ 5 ~ 10本书

- ◎ 10 ~ 20本书 　　　　 ◎ 20 ~ 50本书
- ◎ 50本书以上

3. 影响您阅读的原因主要是_____。

- ◎ 工作很忙，没有时间
- ◎ 工作很累，需要放松，感觉阅读很浪费时间
- ◎ 不知道应该读什么类型的书
- ◎ 不喜欢阅读
- ◎ 读书太慢了

三、阅读偏好

1. 您的阅读类别偏好是_____。

- ◎ 经济管理 　　　　 ◎ 文学艺术
- ◎ 文学 　　　　 ◎ 哲学
- ◎ 历史 　　　　 ◎ 心理学
- ◎ 军事 　　　　 ◎ 教育
- ◎ 专业书籍 　　　　 ◎ 其他

2. 您的阅读载体是_____。

- ◎ 实体书籍、报纸、杂志等
- ◎ 电子书阅读器（Kindle等）
- ◎ 阅读类App（微信读书等）
- ◎ 其他

3. 您阅读的目的是_____。

- ◎ 获得知识 　　　　 ◎ 学习技能
- ◎ 提升自我 　　　　 ◎ 开阔视野

◎ 休闲，放松

4. 如果为您推荐亲子类的图书，您希望是关于哪方面的?
＿＿＿＿＿＿。

◎ 亲子关系　　　　◎ 品格养成

◎ 家教理论　　　　◎ 心理疏导

5. 您如何记录阅读时产生的想法、问题和感悟? ＿＿＿＿＿＿。

◎ 一般不记录

◎ 直接记录在书籍、杂志、报刊上面

◎ 记录在笔记本等上面

◎ 发布在阅读类或社交类App上

◎ 其他

6. 您如何分享对一本书的评价、想法和感悟? ＿＿＿＿＿＿。

◎ 一般不分享

◎ 编辑长文分享在阅读类、社交类、社区类App上

◎ 录制音频、讲书视频，分享在阅读类、社交类、社区类App上

◎ 参加线下的阅读分享会

◎ 其他

7. 您认为阅读的价值是＿＿＿＿＿＿。

◎ 更新知识　　　　◎ 了解他人观点

◎ 满足精神文化需求　◎ 培养新的能力

◎ 其他

8. 如果我们开展线上每天阅读10页书的活动，您愿意参加吗?
＿＿＿＿＿＿。

◎ 愿意　　　　　　◎ 不愿意

9. 除了阅读，您还有什么爱好_____。（限选3项）

◎ 运动健身　　　　　◎ 品茶

◎ 收藏　　　　　　　◎ 旅行

◎ 摄影　　　　　　　◎ 朋友聚会

◎ 购物　　　　　　　◎ 购物

◎ 美容　　　　　　　◎ 音乐会

四、文化活动

1. 在过去的一年内，您参加过的文化活动场次为_____。

◎ 3场以下　　　　　◎ 3～5场

◎ 5～8场　　　　　　◎ 8～10场

2. 您喜欢的文化活动形式是_____。

◎ 朗读比赛　　　　　◎ 分享沙龙

◎ 演讲比赛　　　　　◎ 主题讲座

◎ 其他

3. 吸引您参加文化活动的原因是_____。

◎ 聆听专家的观点　　◎ 兴趣爱好

◎ 提升自己的文化素养　　◎ 其他

4. 您希望参加的沙龙活动主题是_____。（可多选）

◎ 子女教育　　　　　◎ 夫妻关系

◎ 自我成长　　　　　◎ 旅行见闻

◎ 健康养生　　　　　◎ 财经管理

◎ 传统文化　　　　　◎ 其他

5. 如果举办读书形式的沙龙活动，您希望是_____。

　◎　作者见面会：作者分享图书

　◎　主题分享：就某个主题或某本书进行分享

　◎　自由分享：每人带一本书分享

　◎　其他

6. 您希望阅读活动的频次是_____。

　◎　每周1次　　　　　◎　每月1次

　◎　两月1次　　　　　◎　每季度1次

　◎　其他

7. 您希望活动的时长是_____。

　◎　1小时　　　　　　◎　2小时

　◎　3小时　　　　　　◎　其他

8. 您希望阅读活动的规模是_____。

　◎　10人以下　　　　　◎　10 ~ 15人

　◎　15 ~ 30人　　　　　◎　30 ~ 50人

　◎　50人以上

9. 您希望活动举办的时间是_____。

　◎　工作日中午　　　　◎　下班后

　◎　工作日下午　　　　◎　周末上午

　◎　周末下午

企业读书会解决方案草图

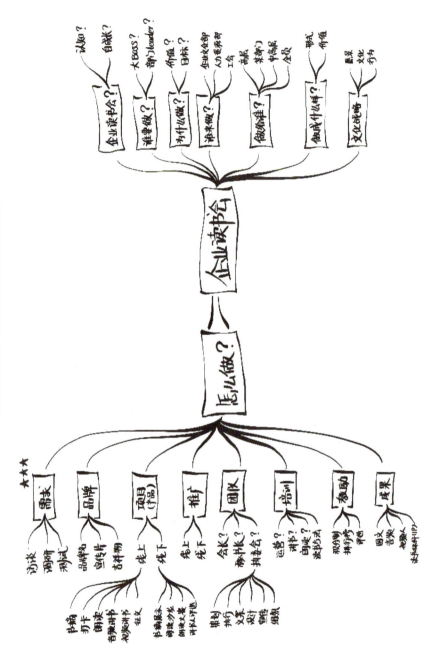

〔 **致·谢** 〕

这本书最终得以出版，需要感谢的人实在太多了。首先要特别感谢我的父母，是他们的付出让我有了大量的写作时间，是他们的包容和理解让我觉得梦想可期。

在推广企业阅读的10多年时间里，许多客户、同事和我一起进行了尝试和探索。对于他们的支持和付出，我在此由衷地表示感谢。踩在他们的肩膀上，我才有了今天在企业读书会这一领域的积累。

在本书创作的过程中，我也得到了很多朋友的鼓励和帮助。

本书初稿最初发布在我的微信公众号"阅见徐公子"的专栏里，后来录制成音频课，在喜马拉雅开了《企业读书会策划运营25讲》专栏。最后，经过系统的整理，才完成了书稿。经过五次修改之后，最终定稿。这个过程历经了近两年的时间。

最早萌生创作读书会专栏的时候，我得到了企业读书线上内容策划组的六位小伙伴的无私支持，他们分别是不入、唯安、童雨行、清萤、杨万里和陈蕾，至今我只见过其中一位。从2020年4月开始，大家通过网络聚集在一起。这些朋友抱着对企业读书会的热情，帮我出谋划策、修改文案、设计推文，以及在线上发稿。在新冠疫情肆虐的时期，他们温暖了我的生活，但缘悭一面，希望有机会在线下相聚。

感谢喜马拉雅的各位朋友，从前期引入专栏，到中期策划编辑、录制音频，到后期上线推广，每位朋友都以超高的专业水准为我赋能，整体提高了我的音频内容的专业水平。

后来，好朋友张薇将我引荐给电子工业出版社的潘炜博士和郑志宁主任，仅用20多天的时间，就确定了这本书的出版意向。更有趣的是，在这本书即将出版之前，我向潘博士请教书名如何比较合适。他正在下班散步回家的路上，我发过去信息，一分钟后就得到了他的回复："如何办好企业读书会。"他并没有在我原先提供的三个书名中选择，而是突发灵感，帮我想出了一个。这个书名言简意赅，通俗易懂，却又充满了创意。后来，与郑主任一起反复修改书稿，是她对书稿精益求精，帮助我提高了写作水平。

挂一漏万，还有很多人不能一一提及，我对你们充满感激。人间最美好的关系就是互相支持，互相成就。时光不止，让我们继续同行。

同时，我也要感谢各位读者，感谢大家阅读本书。本书虽然经过反复修改和审阅，依然难免存在瑕疵和不足，敬请各位读者批评指正。